株の鬼100則

石井勝利
Katsutoshi Ishii

明日香出版社

まえがき

株式投資で、良い成果が得られているだろうか。

巷には「1億にした、2億にした」という本があふれているが、本当のところはどうだろうか。

「たまたまだろう」という内容の本も珍しくはない。

ホームランを打った、ゴールした、ホールインワンをした。

これはよくあること。

でも、まぐれではいけない。

「常に勝つ」

この常勝の法則をしっかりと身につけて、実戦を積んで、間違っても修正できる、そういう投資家になって欲しい。

スポーツはもちろん、何事も「基礎を身につけ、実践する」ことが、成功の、成果の再

現性を得る最も大切なポイントだ。

「●●のメルマガを読めば勝てる」

そういう世迷言を、「他力本願」という。

「何を買えば儲かるのか」と聞いてくる人が多くいるし、個人投資家の大半の考え方だが、それは正直いただけない。

本書では「株で儲ける」、そして「資産を作る」。

そのための「１００の法則」、すなわち「鬼１００則」を、私の45年間の投資生活の粋を集めて、渾身の力で書いた。

正直、失敗も数知れず。

しかし、失敗から学ぶことも多い。

その失敗を乗り越えて、ここに書いた１００則をぜひ参考にして、株式投資の勝者になっていただきたい。

この本を手に取ってくださった貴方に、貴女に、幸多かれ。

２０１９年　初夏

経済評論家　石井勝利

※本書では特定の銘柄・取引を推奨するものではございません。取引に当たっては、ご自身のご判断でお願いいたします。売買で被られた損失に対し、著者・版元は何らの責任も持ちません。

株の鬼100則　もくじ

第2章 市場を動かす材料十五則

第3章 売買タイミングの鬼九則

第4章 テクニカルの鬼十五則

第5章 数字の鬼六則

第6章 銘柄選択の鬼九則

第7章 投資戦略の鬼十四則

第8章 地政学リスクの鬼八則

第9章 株で負ける鬼九則

カバーデザイン：krran　西垂水　敦・市川　さつき
チャート提供　：みんなの株式

第1章

新時代の相場の動き十五則

何に投資すれば良いかという質問を絶えず受けるが、私の答えはいつも同じである。誰の言うことも信じてはいけない。あなた自身が良く知っているものだけに投資するのが成功への道だ、と。

ジム・ロジャース

バークシャーが買いを入れるのは、他の投資家がレミングのごとく一斉に売りに傾く時です。

ウォーレン・バフェット

名人は相場の恐さを知る。

鬼100則 01

業績と株価は連動しないと心得る

四季報やネットで業績動向を見て、変化率の高い銘柄を選んで買えば、「100%負けなし」!?

それなら誰も苦労はしない。

実際は、「上半期業績の大幅上方修正を発表」などという飛びつきたくなるようなニュースが入っても、下がる一方であったりする。

だからわけがわからず、株式投資で含み損を抱えたまま、途方に暮れる人が多い。

本書はそんな人にヒントを与え、「勝利の確率」を高める。

決して「1億をすぐに作る本」ではないので、悪く思わないで欲しい。

最初に知って欲しいのは、**株価が大きく上がり変動する要因は、**業績ではなく**材料の大きさだ**ということである。

良い業績だから上がるというのは、幻想だ。


業績も材料のうちに入らないわけではないが、株式市場が欲しがる「夢」には、程遠い。

株価が大きく変動するのは「びっくりするほどの材料が出た時」。

例えば、物凄い新薬を開発して、成功しそうだ。

いよいよ治験も成功して、実用段階に入るようだ。

このような材料が出てくると、市場は驚いて反応し買いがどんどん集まる。

薬でなくても、将来、その会社にとって、とてつもなく業績に良い影響がありそうな情報が伝わると、「これは凄い」と、多くの投資家から資金が集まる。

いま儲かっているわけでもなく、業績が良いというわけでもなくても、だ。

むしろ、業績が良いどころか、会社は大赤字で、前々から無配だったりする。

または、前の期よりも業績が悪くても、材料ひとつで株価が飛ぶ。


これが不思議な株式の世界なのだ。

これだけは株をやる人は肝に銘じておかなければならない。

鬼100則 02

業績が良くても株価は暴落する

好業績に株価が連動して上がらないだけではない。

業績が極めて良かったと発表された途端に、株価が急落することさえある。

例えば、省力化の代表的な企業である安川電機。

業績は極めて良いのに、株価の伸びはイコールではない。

相場全体が右肩上がりの時は、人気銘柄の代表だった。「人手不足、省力化」は、時代の流れ。その流れに乗った銘柄群の業績が良いのは当然であり、資金はそこに集中した。

そして普通に考えれば、対前期で業績が良ければ、PER（株価収益率）は割安になり、その分株価が上げて、理論値つまり市場の平均的なPERに訂正される（近づく）はず。

ところが、なぜかそうはいかない。これが普通の投資家が「株でなかなか儲からない。損が出る」最大の要因である。

業績が前の期よりも良かった。だから上がるはずだ。

そういう常識で株の売買をしても、現実には、予想を裏切られてしまう。

結果的に、**業績好調の銘柄の決算発表前に、「業績が良いらしい」と予測していた人は、予測通りの好決算なのに、株価下落の憂き目に遭い、損切りを余儀なくされる。**

業績が良くて、それをきっかけに、株価が下がる。いったい何を信じて、何を物差しにして株を買えば良いというのか。

一般的な株式投資の教科書は「業績好調株を狙え」と、書いている。しかし、その通りに売買すれば、損をしてしまう。

この裏話は後で書くが、株というのは、「**材料の先食い**」がある。これを知らないと、株をやればやるほど、損の山になるのだ。

６５０６　安川電機

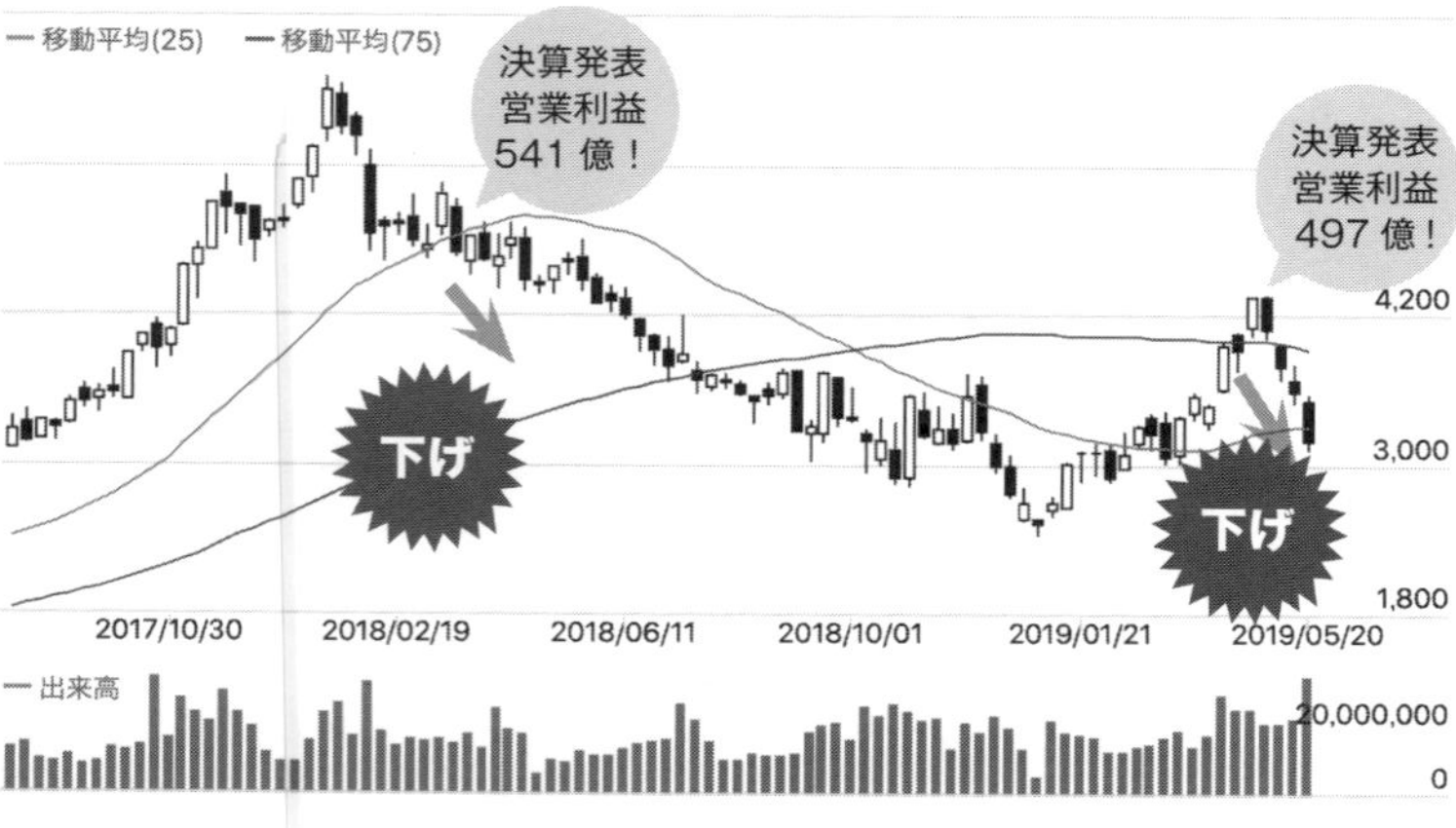

「みんなの株式」https://minkabu.jp

鬼100則 03

赤字でも株価が上がる

赤字でも株価が上がる。**赤字の発表があると、株価が反騰**する。

株式市場は、実に「へそ曲がり」である。

しかも、前期よりも業績が悪いにも関わらず、なのだ。

なぜそうなったかは「後付けの講釈」。言うならば、「思ったほど悪くなかった」から。「誰」が「思った」ほどなのかといえば、市場のコンセンサスという、専門家たちの予測に対してだという。

そのコンセンサスとやらをどのように考えて、発表しているのかは、我々一般の投資家にはわからない。

明らかに専門家や仕手筋、ファンドのおもちゃにされているわけで、株価を動かし、差益稼ぎをするための口実以外の何物でもない銘柄もあるわけだ。

ただ、すでに述べたように、株価は過去を買うのではなく、来期、来々期をにらんで「先買い」する特徴がある。

足元の業績がいかに悪くても、その業績による赤字を覆うばかりか、**反転、大増益の夢をはらんだ何かの材料が明らかに**されていると、「株価の先買い」の動きが強まり、それに、投資家やファンドが相乗りする。

これが、赤字→大増益の期待となり、足元の赤字は、将来の夢の実現のための準備に過ぎないと見なされ、全く問題にされないのだ。

この動きを飲み込み、理解し、活用できない投資家にチャンスはない。

３９９４　マネーフォワード

2018年11月期の決算が赤字と発表されたにもかかわらず、
株価を持ち直す

「みんなの株式」https://minkabu.jp

鬼100則 04

悪材料が株価を上げる

悪材料で株価が上がるなんて、流石にレアなケースだろう。

これも「赤字で株価が上がる」というのと、ある意味では似ている。

実は、株式市場では**「なんだかはっきりしない」「不安である」というのが、一番嫌われる。**

はっきりしていなくても、夢があれば買われるのが株。

悪くなりそうだ、「良くなるかもしれないけど、はっきりしない」、これが一番良くないのである。

2016年6月の国民投票で決定したイギリスのEU離脱問題は、イギリスに進出している多くの企業に衝撃を与えた。その後2年半経っても具体的な離脱の条件等がイギリス議会とEUとの間で決まらないことが、不安に拍車をかけている。

その不安に対して、2019年2月ホンダは「イギリスの生産工場を閉鎖する」ことを

明確にした。

これで、ホンダの株価は急騰した。

本来、工場の閉鎖は、売れ行き不振、経営悪化がなければ行わない。ホンダの工場閉鎖は「良いニュース、情報」ではなかった。巨額の資金をつぎ込み、従業員教育を行い、サプライチェーンの構築をした投資が水の泡となるわけで「悪いニュース」である。

にもかかわらず、**市場が「あく抜け」の評価をすれば、株価が上がる**のだ。

どのようなニュースでも、**プラスかマイナスかは、市場が決める**。

個人投資家はそこを見極め、柔軟に対応しなければならないのだ。

7267　ホンダ

イギリスの生産工場閉鎖を明確にした2/19から暴騰した

「みんなの株式」https://minkabu.jp

鬼100則 05

不祥事は、むしろチャンス

「不祥事がチャンスなんてふざけるな」と思われるかもしれない。

しかし、株式投資で稼ぐには、モラルなんて言っていられないのだ。

あらゆる事象をチャンスととらえてお金を投入する冷徹さがないと、儲けられない。

しかし不祥事となれば、株価に密接な「期待を買う」こととは、対極にある。

会社のブランドイメージを毀損する事件が起きれば、株価は間違いなく下落する。

不祥事で多いのは、食品業界の偽装だろう。

少し事例が古いが、2006年に大手菓子メーカー・不二家の賞味期限切れ牛乳使用問題があった。

これは内部告発で翌2007年になって初めて明らかになり、その隠ぺい体質が報道されると、流石の大手メーカーの製品でも、スーパー店頭からカットされた。

株価は当然暴落して、一時はPER1倍の117円（株式は後に1000株を100株

に統合している）割れは避けられないと見られた。

しかし、その後2か月にわたり急騰。

その後買われ過ぎの下げに見舞われたが、りそな銀行の仲介で山崎製パンの業務支援もあり、再建に成功して最近の株価は２０００円台（統合前の２００円に当たる）を維持している（現在は山崎製パンが大株主になっている）。


投資した企業が不祥事で倒産すれば、株式投資は失敗に終わる。

だが、関連企業やしっかりした親会社があり、その企業のブランド力があるならば、長期的に見れば再生は可能。

この**可能性にかける勇気がのちの株価復活につながり、大きな収益になる**のである。

２２１１　不二家

2006年末に起こった賞味期限切れ牛乳使用問題が2007年初頭に発覚し、株価はいったん下がった後に急騰。売り時を間違えないこと

「みんなの株式」https://minkabu.jp

鬼100則 06

「不美人」に票が集まる

株式市場では昔からよく「株は美人投票だ」と言われる。「外見が良さそうで、皆が好みそうな銘柄に資金が集まる」ということだろうか。

でも、時代は移り変わる。

良く見える銘柄が投資対象として好ましい＝株価が上がる、わけではもはやなくなったのだ。

日本の代表的な銘柄といえば、トヨタ、ソニー、ファナック、花王、富士通など枚挙に暇がない。

しかしこうした花形銘柄に投資をしても、我ら個人投資家の資産はそう増えない。

片方で、一時人気化したラサ工（４０２２）という中堅の化学メーカーがある。「高純度黒リンの量産技術を確立した」という一部の報道から、値幅制限いっぱいの４００円高をした。

量産可能なのは半導体向けの原料となる「リン酸」で、素人にはいまいちわかりにくい材料、かつ危険な食品添加物だから、あまり良いイメージはない。それでも、ＩｏＴ時代の産業のコメは半導体なので、専門家筋ではもてはやされた。

美しいかどうかはわからないが、**目立たない、知られていない会社でも、「物凄い仕事をしている」**可能性がある。

「好み」や派手さだけで銘柄を選ぶのではなく、**いぶし銀のｍｙ銘柄を探し出して投資し儲けるのが、中小銘柄投資の醍醐味**だ。

「この銘柄は知らないし、嫌いだから買わない」という人をよく見かける。

しかし、それでは、株式投資で成功する道を自ら閉ざしているも同然なのである。

4022　ラサエ

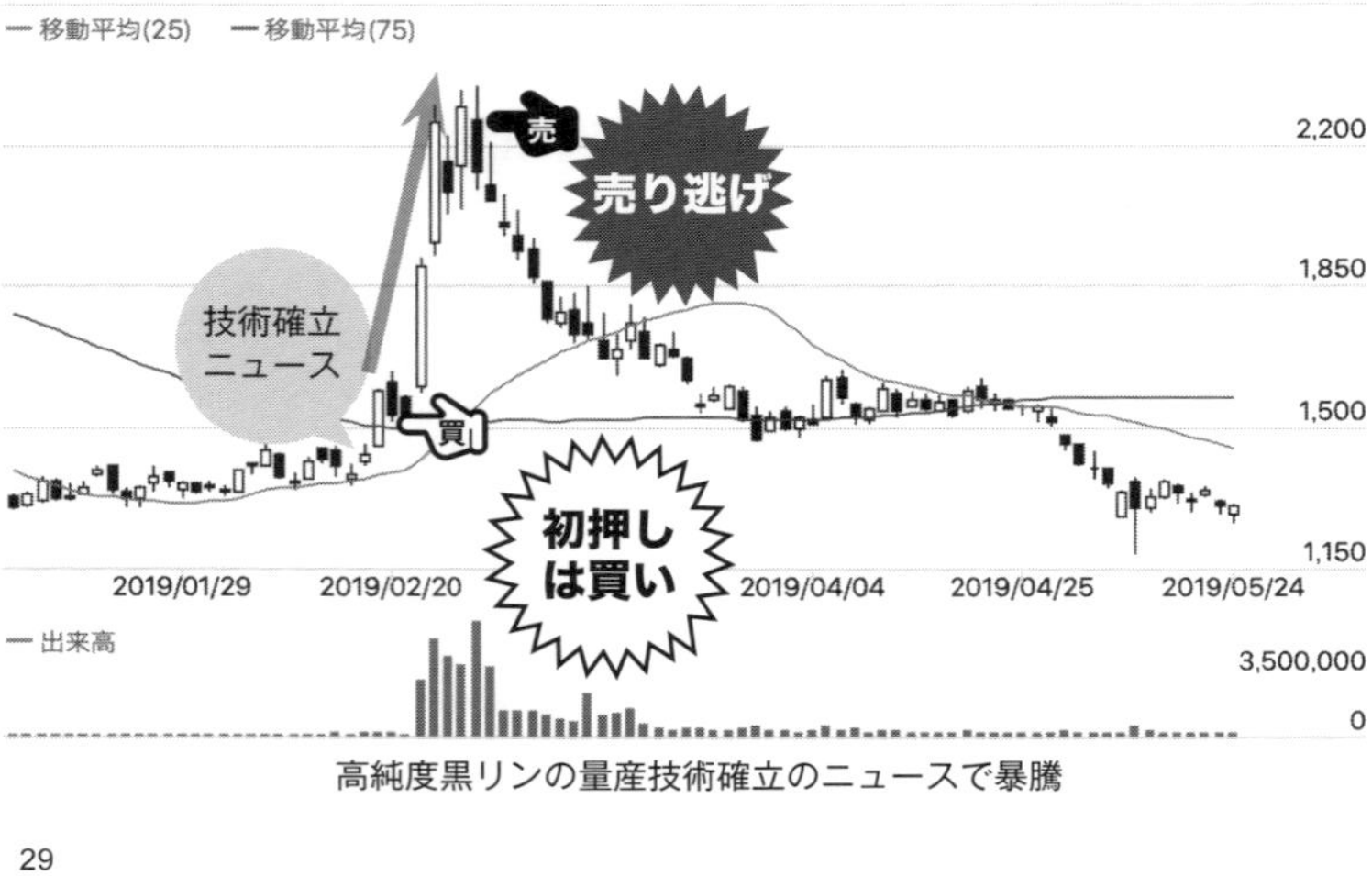

高純度黒リンの量産技術確立のニュースで暴騰

「みんなの株式」https://minkabu.jp

鬼100則 07

業績安定が株価の下げ要因となる

株式投資の世界では「安定している」「倒産はしない」ことが最大の強みではない。ここを間違うと、資金をいくら持っていても、株で資産は増やせない。

例えば、2011年の東日本大震災が起きるまで、東京電力といえば、資産株、安定株の代表だった。なにしろ人口が増える一方の東京を中心にした関東地区で電力を独占供給。業績が悪くなる要因が全くと言って良いほど考えられなかった。

ファンドはもちろん、長期投資で配当を得るべく個人投資家も大勢保持していた。証券会社などの投資信託にも組み込まれていた。

ところが、あの大事故だ。誰が予想できただろうか。

そして、直接の被害はほとんどないにも関わらず、関西電力も大幅に下げた。3機保有する原発には故障もなかったのだが。

一見、安定して見えた電力も、その裏で「原発」というリスクを抱えていたのである。

ここで確認したいのは、**株式投資の強みは、「変化率」**だということ。

将来、業績が２倍、10倍になるかどうか、というような期待値があり、そのような仕事をしているかどうかなのだ。

「安定している」だけでは、お金はその会社には集まって来ない。

投資家がお金を支払って、その資本で、夢のある仕事をして、社会に貢献する。

変わらず、安定しているだけでは、万が一のリスクには対応できない。

魅力もないので、資金は他に逃げる、株価が下がる。この構図にはまるだけだ。

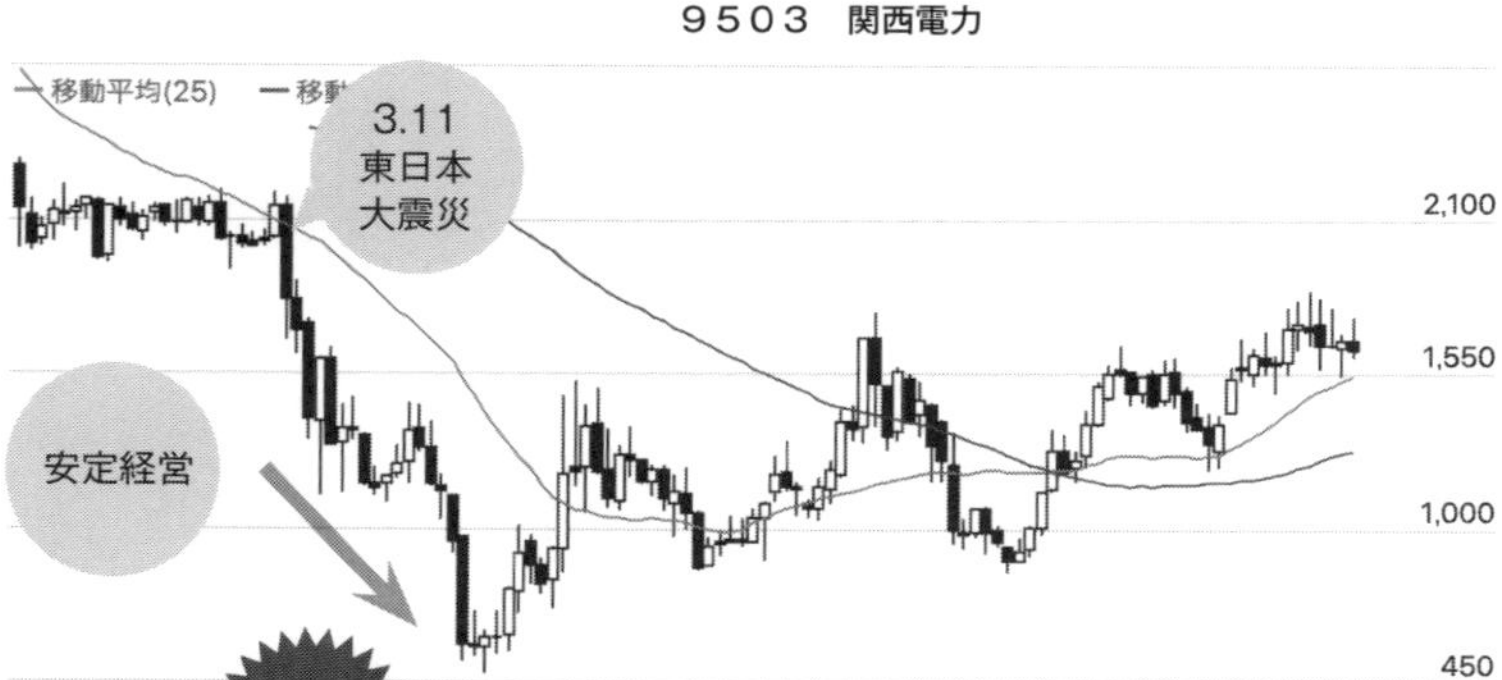

2011年３月の東日本大震災で大幅に下げた関西電力。
安定経営ではあったが…

「みんなの株式」https://minkabu.jp

鬼100則 08

不確実さが夢を呼ぶ

株の世界はリスクだらけ、ハイリスクである。

株というのは、企業活動に対して、お金を出して参加し、その果実にあずかるのだから、**お金を出して、事業という不確定なことに加わるようなもの**だ。

どのような分野の仕事に投資するかは、その人の判断によるから、「この分野が最強」などと決まるわけではない。

でも、例えばトヨタ自動車という世界有数の自動車メーカーでも、これから10倍に業績が伸びることは、まず不可能だ。

だから、目先の利く投資家はトヨタにお金を滞留させない。

これから必要な事業に目を向ける。

例えば、医療、人工知能、宇宙開発という分野。

いま、何の病気で人間が死ぬかといえば、2人に1人はガンである。

ガンに対しては、様々な企業が新薬開発にしのぎを削っている。第四の治療法と呼ばれる「免疫療法」。その先駆けは「オプジーボ」を製品化した小野薬品（4528）だ。

そのもとになるPD－1という物質の研究をした京都大学の本庶佑名誉教授は、この画期的な研究が評価されてノーベル賞を授与された。

この小野薬品の株価を見ると、まだまだ、オプジーボが日本で承認されるか「不確実」な時は、株価がうなぎ上りに上がり、3年で6倍になった。

しかし、肺ガンや胃ガンなどに次々と承認適用されたにもかかわらず、薬価の抑制などもあり、最近では冴えない展開だ。

もう、不確実でなくなり、世に知れ渡ったので、買われないのだ。

4528　小野薬品工業

期待の新薬オプジーボを開発した小野薬品。2015年末に肺ガン治療に承認、その後適用範囲を増やしているが下げた

「みんなの株式」https://minkabu.jp

鬼100則 09

知ったら、相場が始まる

「知ったらおしまい」という株の格言がある。

どのような素晴らしい企業躍進の材料でも、市場で知れ渡れば、その先を買う人がいないので、知れ渡った時が天井という意味である。

確かに、ある面では当たっている。実際の株価の動きはそのようになる可能性が大きい。

しかし、「鬼100則」としては、皆と同じ道を歩く気は毛頭ない。**人の逆を行く、裏をかく。**この考えで、市場の勝ち組になれる。

「イナゴタワー」という言葉を知っている人も多いだろう。

ある銘柄が動きだしたら、大量の個人投資家のお金が集まり、ひと相場を付けて、やがて暴落する。この様相が稲穂に集まるイナゴの大群のようなので、そう名付けられた。

この投資の仕方は、「相乗り」だ。**材料が出たら、「飛び乗る」。タワーの頂点が現れたら「我**

先に逃げる」。タワーの頂点がどこかは上がっているる時はわからないので、欲張らないで逃げることが、必須である。

例えば、サンバイオは、再生細胞医薬の人気銘柄に発展し、慢性脳梗塞を対象にした治験の人気で、一時はすっとび高値になった。

脳梗塞の患者は増えるばかりなので、この再生細胞への夢を頼りに株価が急騰、買いが買いを呼んで上げた。この途中は皆が良い思いをした。

しかし、２０１９年１月末、治験失敗の報道で相場は一旦、終わった。

危険な動きだが、情報への相乗りはいまブームであり、イナゴタワーも相乗りの価値がある。

もちろん、うまく逃げられればの話だが。

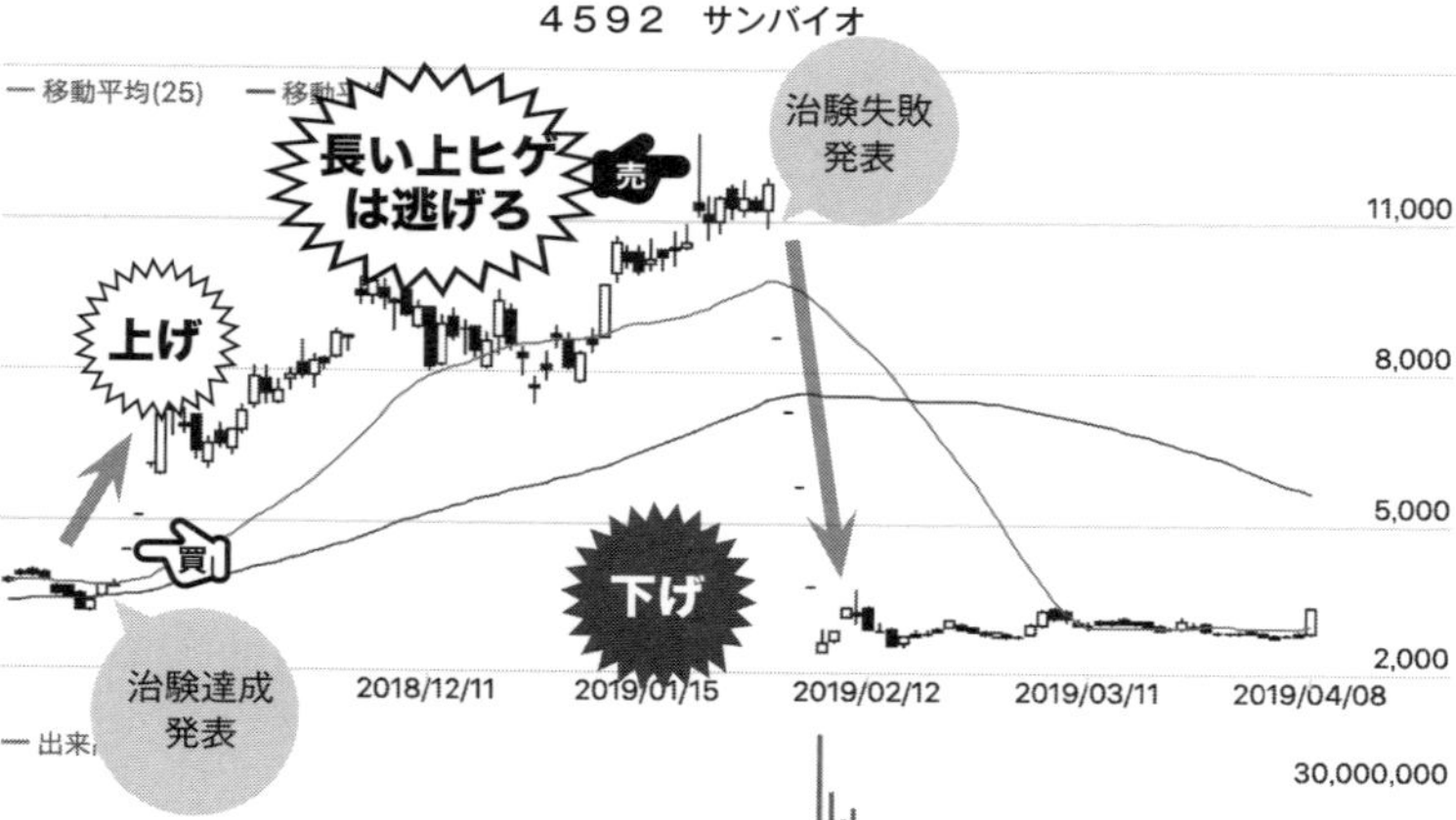

治験の項目達成で商品化期待が高まり人気化した 2018 年 11 月から一転、2019 年 1 月治験失敗で下落

「みんなの株式」https://minkabu.jp

鬼100則 10

円高で上がる輸出株がある

我が国の貿易収支は、基本的に資源の輸入は大幅な赤字で、自動車、電気製品などの輸出の黒字でカバーしてきた。

最近は、様々な輸出のアイテムがあり、貿易収支にも粘りが出ている。

この輸出産業にとって、一番打撃になるのが「為替相場」だ。特に、円高は打撃が大きい。

しかし、円高＝業績悪化というワンパターンの思考では、株の勝ち組にはなれない。

我が国の経済を引っ張る輸出産業は、円高への抵抗力が弱い面は確かにある。

しかし、ここでは、ファンドなど株を組み入れる側の姿勢を見てみよう。

投資のバランスを重視するファンドや投資信託としては、いやでも輸出関連の銘柄は外せない事情がある。

そこで、**同じ輸出関連でも「円高抵抗力のある企業」が円高局面で買われる。**

その代表が小型車のスズキだ。トヨタやホンダ、スバルが北米を相手に商売しているのに対して、スズキは、インドや東南アジアが主力で、対ドルで10円の円高でも、営業利益には1円円高分程度のマイナスにしかならない。

そのために、消去法でスズキへの組み入れが増えて、株価は上がる。同じ傾向の銘柄には、ソニー、スタンレー電気もある。

円高は輸出にマイナスだ、という一辺倒の考えではなく、ファンドの都合も考え、敵の裏をかいて株を買う。この考え方が大切だ。

「みんなの株式」https://minkabu.jp

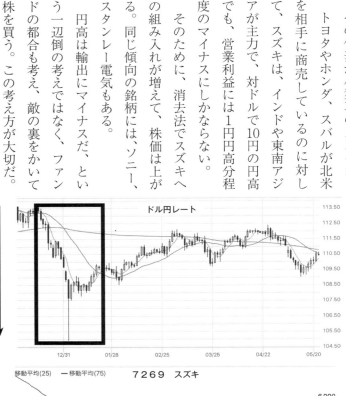

鬼100則 11

市場コンセンサスのハードルは高い

我々個人投資家が時に忌々しく思うのが「市場コンセンサス」の数値というもの。これは「**予想中央値**」とも呼ばれる。

証券会社や調査会社のアナリストが予想した企業業績の予想値である。株価はこの数値に基づいて、「買われる、売られる」ことがあるが、現在の株価はすでに、この予想中央値、すなわち、コンセンサスを背景にして、存在している。例えば、決算数値や予想値がこれを下回れば、**「買われ過ぎの訂正」**が起こり、株価は下げる。

この数値があるために、ある会社が20％もの増益率を誇っても、コンセンサスが25％であれば、急落に見舞われる。

「2割も儲かっているのに、下げるのはおかしい」「証券会社の罠だ」と叫んでもムダだ。

例えば、2017年に10バーガーを達成した北の達人コーポレーションも、翌年中盤に

なると、坂を転げ落ちるような長期の下落が続いた。

業績は良いのに、である。

私は犯人は「コンセンサス」と見ている。

コンセンサスのハードルが高く、これを下回った「好業績」は売られる。

なぜならばすでに、好業績を織り込んだ株価は、コンセンサス以下の業績では、買われる要素がないどころか、株価自体が高過ぎだからである。

好材料が出ても「織り込み済み」と素知らぬふりをされる。

この仕組みを知らないで、独り相撲をとっても、株の世界では勝ち目はない。

2930　北の達人コーポレーション

2017年は株式分割をしつつ10倍の伸びを示した北の達人だが
買われ過ぎの訂正で翌年中盤以降は冴えない展開

「みんなの株式」https://minkabu.jp

暴落こそ、買い時のチャンス

私がこの本で、**「間違いなく儲かる」と唯一断言できるのは、個別銘柄の事情ではなく、相場全体が崩れた時の「買いのチャンス」**だ。

例えば、２０１６年11月に全く政治経験のない事業家トランプが事前の予想を覆してクリントン上院議員を破り、大統領選に勝利した時のＮＹ株価のショック安。連れて世界中の株が下げた。

あまりの急落に私は「これは戻すだろう。事件ではないし、テロでもない」という考えで、無難なトヨタを買った。

案の定、翌日のＮＹ株価は、下げ過ぎから猛反発。連れて、トヨタ株も面白いように上げたので、即利益確定した。

このように、市場というのは、**雪崩のように下げる時があるが、その下げ過ぎの時は、**

修正の反発があるので、間違いなく買いなのだ。「セーリングクライマックス」で、「割安は買い」のタイミングになるためである。

投資家を震撼させた「リーマンショック」。アメリカの金融機関が引き起こした金融危機だが、あの時は、「サブプライムローンがどこまで侵蝕しているのかわからない」とばかりに、見えない幽霊におびえて、株価は急落した。

しかし、一大事が起きた時は、流石のアメリカ政府も金融政策を打つ。そして、やがては回復するわけだ。

今後、核戦争にならなくても**世界的な緊張が起きる可能性はある。それによる急落時は「買い」**だ。

その勇気があるかどうかが、少数派の勝ち組になれるかどうかの差になる。

7203　トヨタ自動車

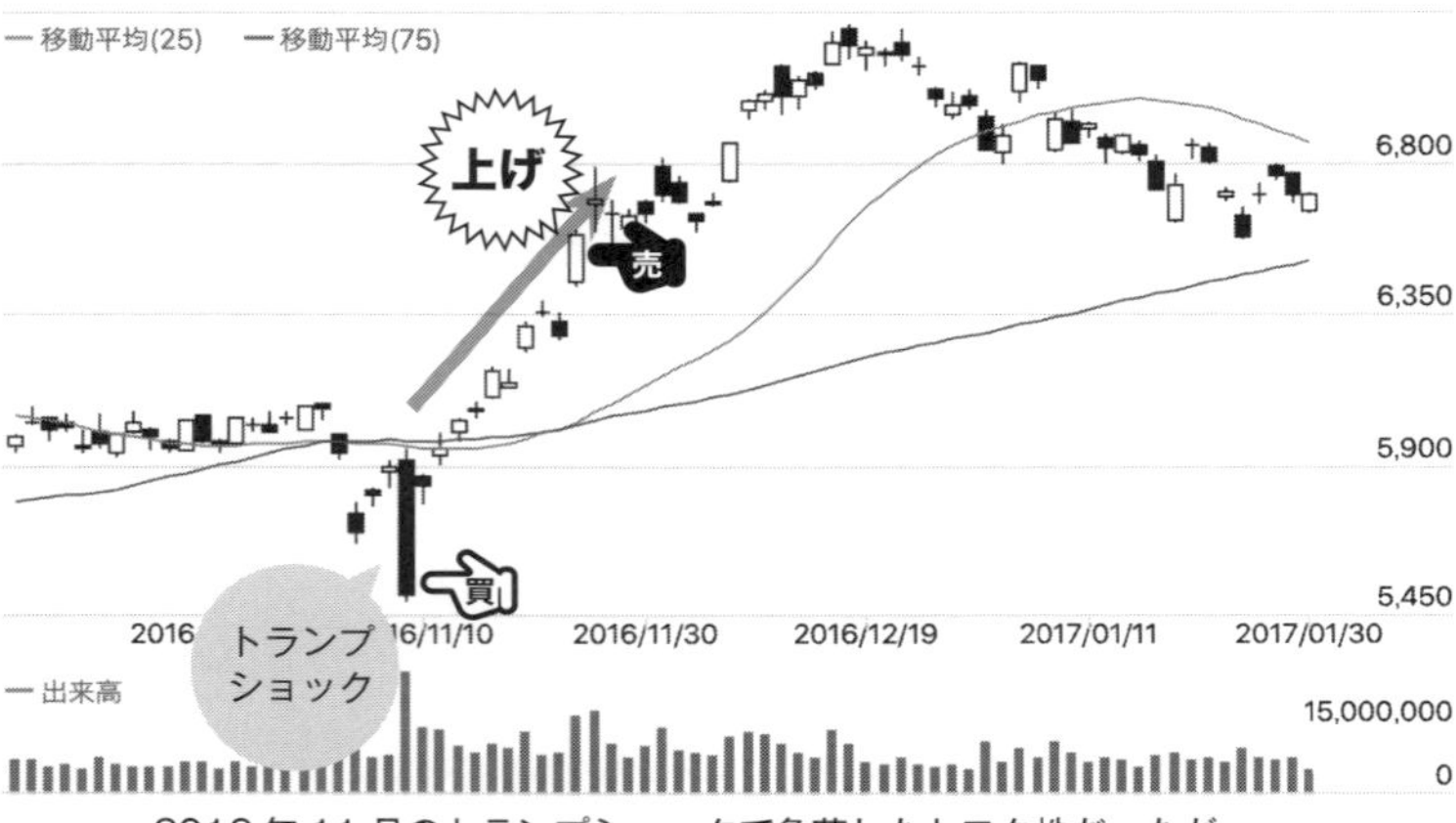

2016年11月のトランプショックで急落したトヨタ株だったが、
翌日から面白いように上げた

「みんなの株式」https://minkabu.jp

鬼100則 13

爆騰に明日はない

前項と真逆に当たるが、不自然な急騰、ムードから来た株価暴騰の次には、「暴落」があることも忘れてはならない。

もう、目新しさもなくなった「インバウンド」という言葉。

２０１６年頃から中国からの訪日旅行客が爆買いのムードを盛り上げた。

その恩恵を受けたのが、化粧品関連の銘柄群だった。

コーセー、資生堂、花王などをはじめとして化粧品、美容関連の銘柄は、輸出関連の調整を裏目に、急騰街道をまっしぐらだった。

インバウンドの恩恵で売上は急激に伸び、化粧品銘柄のブームになった。

ＰＥＲも40倍、50倍と割高になったが、まだまだ、業績は良くなるとばかりに買われたものだ。

しかし、いかにブームであっても、買われ過ぎは色あせていく。

「まだまだいける」と考えていた個人投資家をよそ目に、ファンドの利益確定の売りの嵐が起きて、それまでの勢いはどこへやらの様相になった。

どのような銘柄も、いかに環境が良くても、**その材料に対する「飽き」は来る。**

そして突然、潮目が変わる。

このことを心得ておかないと、ある日、ふと気が付くと含み損が拡大している事態になる。

もちろん、ファンドの整理や利益確定の売りが終われば再び買われるが、先高感を持って高値つかみした人にとっては、地獄の下げになるのだ。

用心しなければならない。

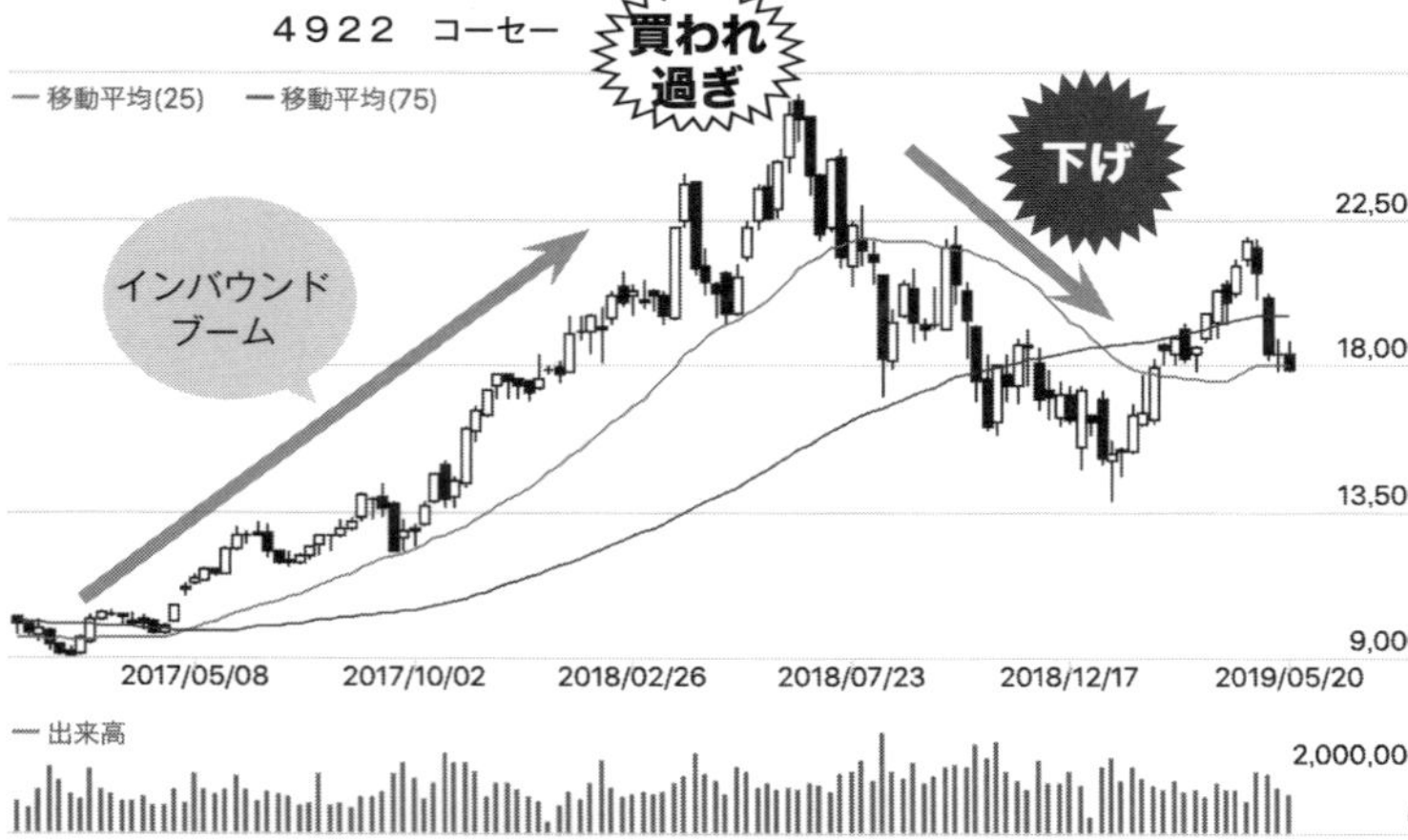

インバウンドブーム到来で上がったが、買われ過ぎで下がった

「みんなの株式」https://minkabu.jp

鬼100則 14

株価目標は嘘である

個人投資家には、評判が悪い「**株価目標**や**レーティング**」。この**数字が発表されると株価は下がる**と言われる。

なぜだろうか。

そもそも、株式投資で利益確定するタイミングで最適なのは、好材料が出た時や割高に見える「株価目標」が発表された時。

この絶好機を狙い、ファンドは利益確定する。本当に目標まで上がるかどうかわからない株価の動きをにらむよりは、良好な目標が発表されて、多くの投資家が買いに入るタイミングのほうが、売るには都合が良いからだ。

ではなぜ、この証券会社が出す株価目標は評判が悪いのか。

それは証券会社の調査機関がサービスとしてファンド向けに出すもので、あくまでも「理論値」に過ぎないからである。

大手顧客相手なので、いい加減なデータは出せないけれども、企業の収益や経済環境などからはじき出したデータ。言うならば、「そうなるはず・・だが実はわからない」程度のものだ。

これを知れば、**目標まで上がるのを信じたり、待ったりすることがいかに無謀であるか**がわかるだろう。

言うなれば、参考値に過ぎないわけだ。

相当高い株価に感じるのに、**「目標株価よりはまだ安い」などと当てにして買ってはならない。**

その買いはファンドなどの利益確定の売りには美味しい買い手になってしまう。

これがわかれば、「株価目標」の犠牲になる人が少しでも減るのではないだろうか。

用心、用心。

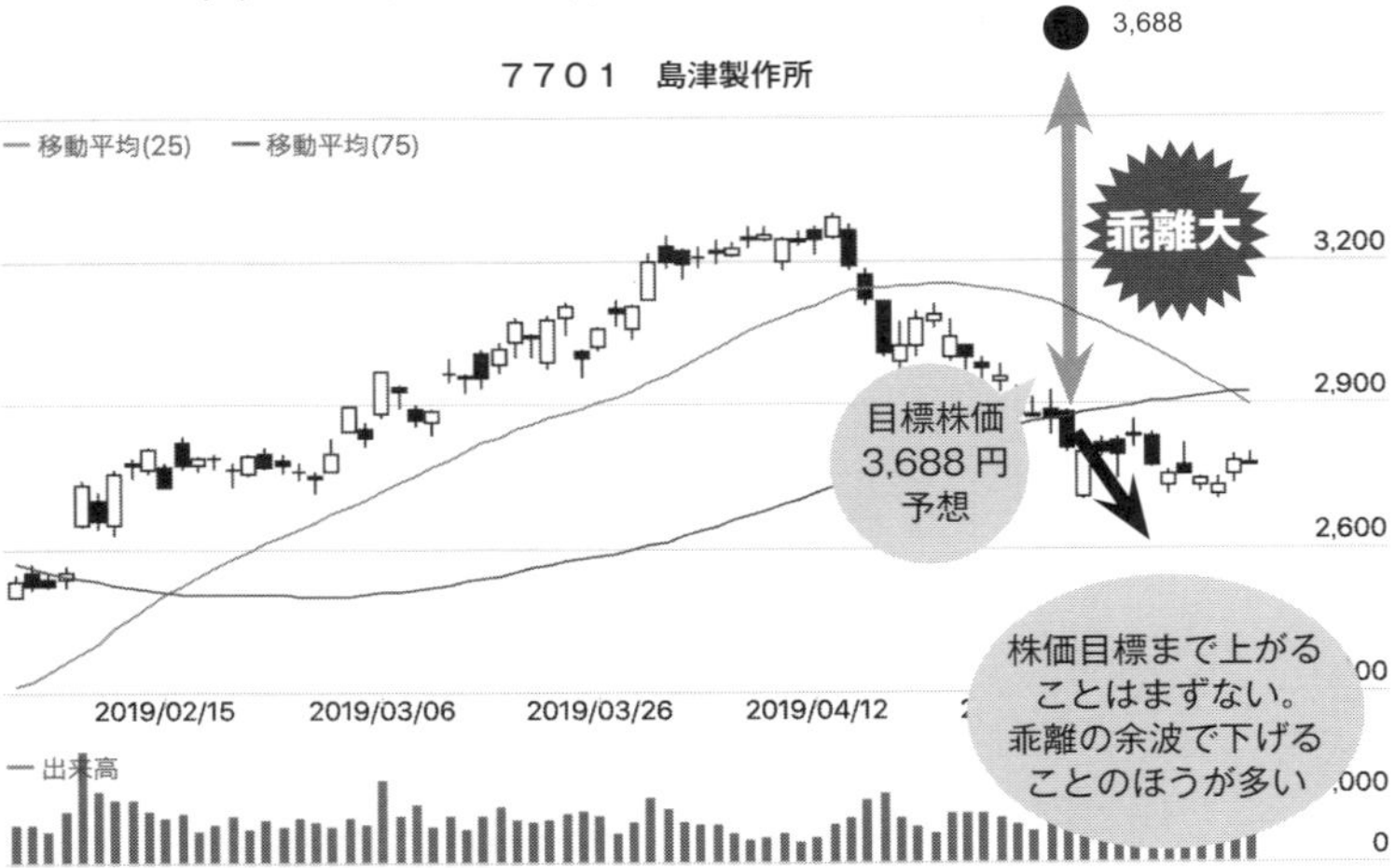

「みんなの株式」https://minkabu.jp

鬼100則 15

酷い債務超過危機でも生き残る企業を見抜く

株式投資の一番のリスクは、投資した会社の経営が傾き、倒産することだ。倒産すれば、株式の市場価値はゼロとなり、投資した資金が回収できない。そのような銘柄にわざわざ手を出す輩はいないだろうが、実はどんなに経営が悪化しても「つぶされない」銘柄を底値で買うチャンスにもなるのだ。

アメリカの原子力発電の会社を買収したものの、巨額の赤字を出した東芝は、日本の歴史ある優良な電気関連の企業だったが、不正会計疑惑に続くこの経営の誤りで、ついには2017年、債務超過、上場廃止の危機に瀕した。

最終的には、金融機関からの借り入れやドル箱である「東芝メモリ」の売却で乗り切り、一部から二部への降格はあったものの、市場からの追放は大方の予想に反して免れた。

他の企業ならば、もっと早い時点で倒産、上場廃止になっても不思議ではない。

東芝は、なぜ生き残ったのか？

それは**「つぶすには大き過ぎた」**「国家機密の漏洩」など、国自体の都合に関するほどの会社だったからである。

言うなれば、上場存続は「出来レース」だった。

自由主義経済下であっても、**国家の都合が関わる企業には、経済のセオリーを超えた力が働く**ことを、投資では知っておかなければならない。

その点では、東京電力と似た関係にあるだろう。

巨大企業への投資に関しては、別の視点からの考え方をしなければ、見誤ることもあるのだ。

６５０２　東芝

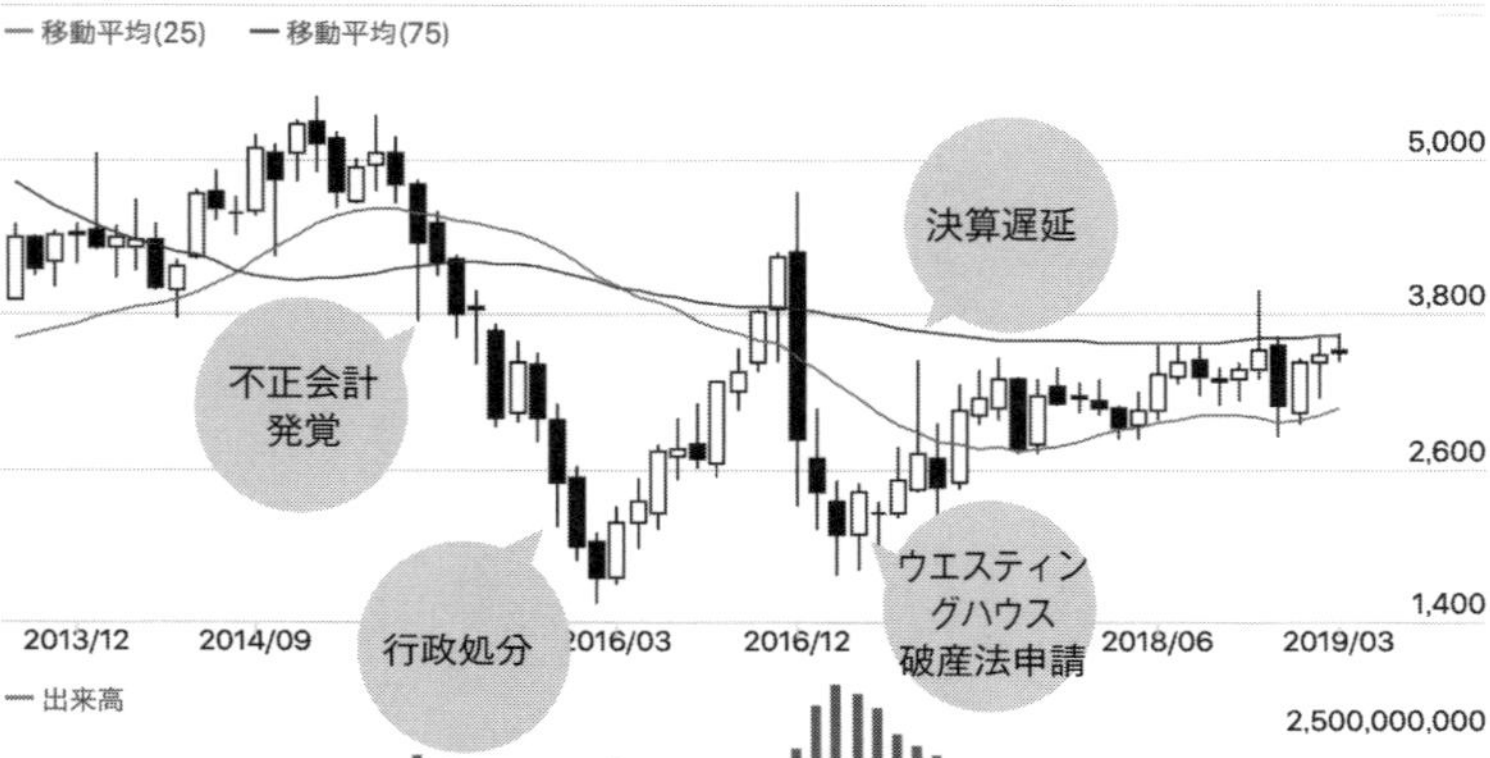

粉飾決算に続いて米国原発事業での巨額損失で債務超過に陥った東芝。
2017 年 8 月に二部降格も、株価は回復

「みんなの株式」https://minkabu.jp

第2章

市場を動かす材料十五則

「市場は常に間違っている」というのは私の強い信念である。

ジョージ・ソロス

肝心なのは変化を起こす「触媒」を探すことです。

ジム・ロジャース

鬼100則 16

市場は意図的に操作されているものと心得る

株式市場の相場形成はどのように行われるか。

それは誰にもわからない。

ただ、腹と腹の探り合いであることは間違いない。

すでに述べた「良い業績でも下がる」という株価の動きに、その典型を見ることができる。

市場コンセンサスを基準にして、大手のファンドや証券会社は手ぐすねを引いて、「**意図的な売買の準備**」をしている。

国家にスパイ活動があるように、企業にも一種の「スパイ」、すなわち「インサイダー」がまかり通っているのが実情だ。

それは、ある銘柄のチャートの動きを見れば明らかになる。

業績好調がニュースなどで伝えられた時、その銘柄の日足チャートを見ると、すでに10

日、20日前からすでに株価は右肩上がりになっているものだ。

要するに、**業績の動向は内部の情報通からひそかに売買されて、一部の投資家には伝わっているの**である。

決算数字だって、事前に漏れている。

もし、コンセンサスを下回れば、怒涛の下げが演出され、彼らは「売った後の買戻し」で、ちゃっかりと、利益を出す。

何かのニュースで売買に動くのは、個人投資家や国内の機関投資家の一部だけ。

それ以外の「ずるい」投資家は、何でも事前に情報をつかんでおり、有利な立場で利益を出しているのだ。

そのうごめきを知ったうえで、あくまでも押し目を買う、底値を待って仕込む余裕が大切になる。

鬼100則 17

先物で仕掛けられる相場に勝つ

市場の動きについて、「先物の売り仕掛けで日経平均が下がった」というコメントは、市場動向のニュースで、常に聞くことだ。

「先物仕掛け」。

いったい何か、わかるだろうか。

先物は、現物株のような出来高はなく、少ない資金で簡単に動かせる取引だ。投機家（ガイジンが7割）たちは、この手を使って相場を動かし、差益を狙う。

市場は「マインドコントロール」が利きやすい。

「先物が下がった」となれば、市場全体の動きもそれに引きずられる。

先物を動かす材料には事欠かない。

円高・円安、中国の景気、株価、トランプの発言、何でも良い。

動かなければ仕事にならないのが市場である。彼らは仕掛けて動かし、素早い「アルゴリズム」のコンピュータ売買で儲ける。いとも易しい株価の動かし方だ。

我々個人投資家が、この仕掛けで動く相場で勝つには「流れに乗る」しかない。

先物が動く時には、それなりの外部の情報や何よりも株価変動の動きがある。

仕掛ける筋の都合をあらかじめ予想して準備し、動きがあれば「やはり来たか」と素早く反応することで、差益が取れる。

「予測の力」を持つことが、株で儲けるうえで最も大切なのだ。

9143　SGホールディングス

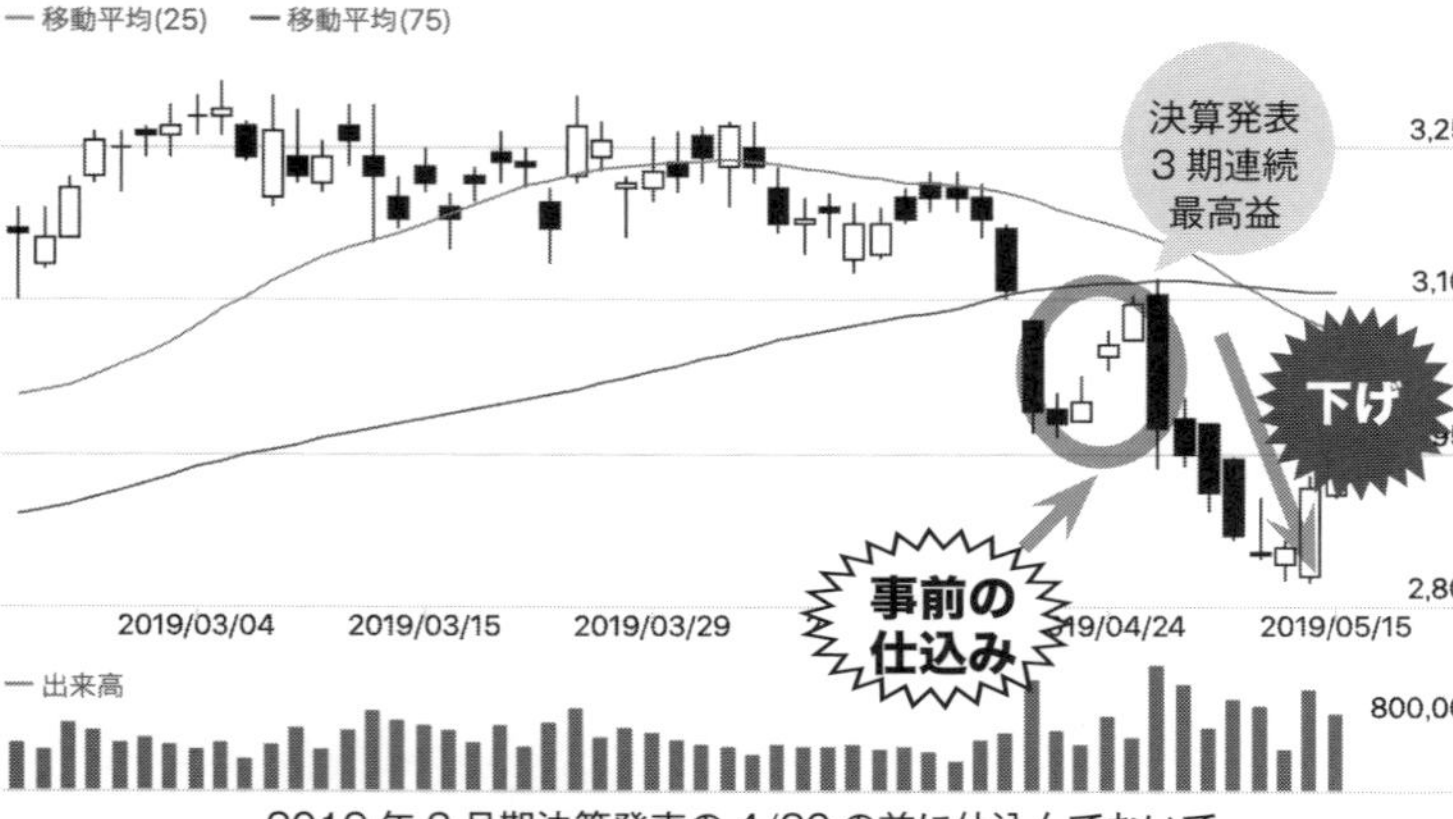

2019年３月期決算発表の4/26の前に仕込んでおいて
売り仕掛けをしたさまが見える

「みんなの株式」https://minkabu.jp

鬼100則 18

午前と午後の戦い方を変える

株式投資をするならば、市場の流れや動きについてある程度知識がないと、勝負にならない。

9時開場とともに**朝一の相場を左右するのは、NY市場**の動向だ。日本経済はアメリカ経済に完全にリンクし、東京市場で相場を張っているのも、大半がガイジンの資金だから、どうにもならない。

彼らの意向の勘案なしに相場は理解できない。

そして以前は大して気にしなくてよかった「上海市場」。

現在では、世界第二の経済大国・中国の勢いを代弁する指標となった。

アメリカと覇権を争い、先端技術の世界でもアメリカを脅かしている。もはや中国の商品がなければ、アメリカ経済が回らない。

もちろん、日本経済も密接で、あらゆる企業の命運を握っている。ファーウェイだけで１００社だ。これを背景にして、市場は動く。

その中国の動きが伝わるのが、**上海市場が開く日本時間10時15分。11時30分までの前場は「中国関連銘柄」には、目が離せない**時間帯となる。

東京市場は、11時30分から1時間の昼休みをとる。後場が開く12時30分には、上海市場や香港、深センなどの市場の動きの影響をもろに受ける。

東京市場の後場の気配値は12時5分に配信される。上海の影響はこの気配値に出てくる。

この動きを把握し、後場の相場動向を賢く察知することだ。市場に出回る世界中の資金は、あらゆる動きを飲み込んで株価に反映されるのだ。

鬼100則 19

相場は寝ない

株式市場に入る資金は世界的な規模だ。

地球は回り、人々は世界のどこかで常に動き、働き、資金の運用を行っている。

為替相場に休みがないのがその証拠である。

NY市場が休んでいても、為替相場は休むことはない。為替は円ドルの交換比率にかかわり、ビジネスの損得に敏感に関係する。

FXは主に夜中に売買するように、株式市場も夜中のNY市場の動きから目が離せない。

アメリカの**経済統計や政権幹部の発言**が、相場に様々な影響を与える。

さらに、**巨大企業の株価**推移も要注意だ。

アップルの株価は我が国の関連企業に少なからず影響を与え、キャタピラーの株価は日本の中国関連株の株価を大きく動かす。

いま、世界は経済的にひとつなのだ。

ただ、経済が寝ないからといって、株取引のために徹夜で起きている必要はない。

ＮＹの様子に、朝一番で注目し、点検する心配りがあれば良い。

東京市場で取引しているのは、実は青い目の人たちが大半だ。国内だけの動きに関心を持っていても、太刀打ちができない。

グローバルの目で物事を見て欲しい。

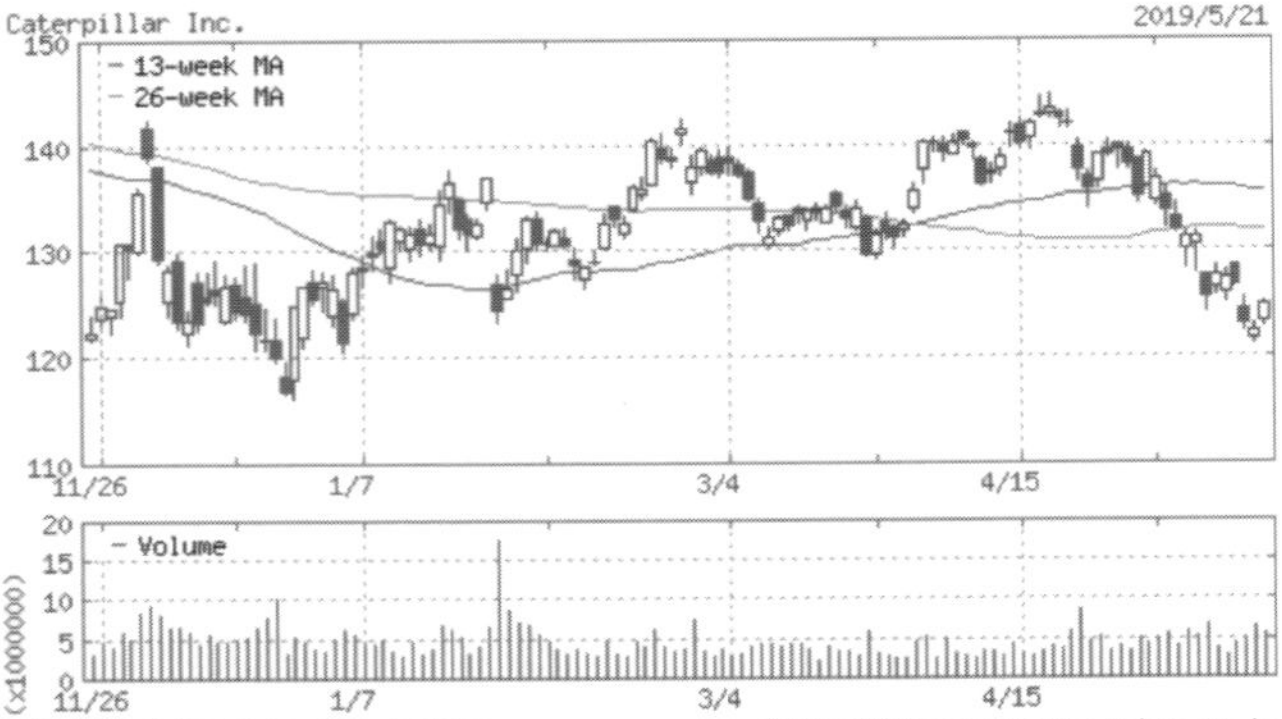

中国関連株に影響を与えるキャタピラー↑と中国に水産物加工の拠点を持つマルハニチロ（１３３３）↓。動きが酷似している

「みんなの株式」https://minkabu.jp

鬼100則 20

小型株と大型株の動きは全く別物と考える

東京市場の上場銘柄は、一部、二部、マザーズ、ジャスダックなどあわせて、3650くらいある。

大型の銘柄は一部がほとんどで、その中でも、日経225平均株価を形成する企業が大型株の部類に入る。日経225採用銘柄以外にも大型株はあるが、人気の銘柄は大体は、ここに採用されている。

ファンドや機関投資家などは、この225平均に採用されている銘柄を中心に運用している。もちろん、小型の銘柄も運用の対象にはなるが、投入する資金の量が異なる。

大型の銘柄はしばしば、アルゴリズムを利用したコンピュータ売買の対象となり、わずかな値動きを活用して、差益を狙われる。だから**売買の頻度が極めて高く**なる。

これに対して、二部やマザーズ、ジャスダックなどの**小型の銘柄を売買しているのは個**

人投資家が中心だ。売買単位も１００株が多いので、**値動きが荒く、**時にストップ高、ストップ安などがある。

値動きの点で全く違うので、この値動きについていけるかどうか、自分の得手不得手を考えて、相場に立ち向かう必要がある。

小型株は仕手筋の動向を気にして、大型株はファンドの動きを注視していくのが賢明だ。

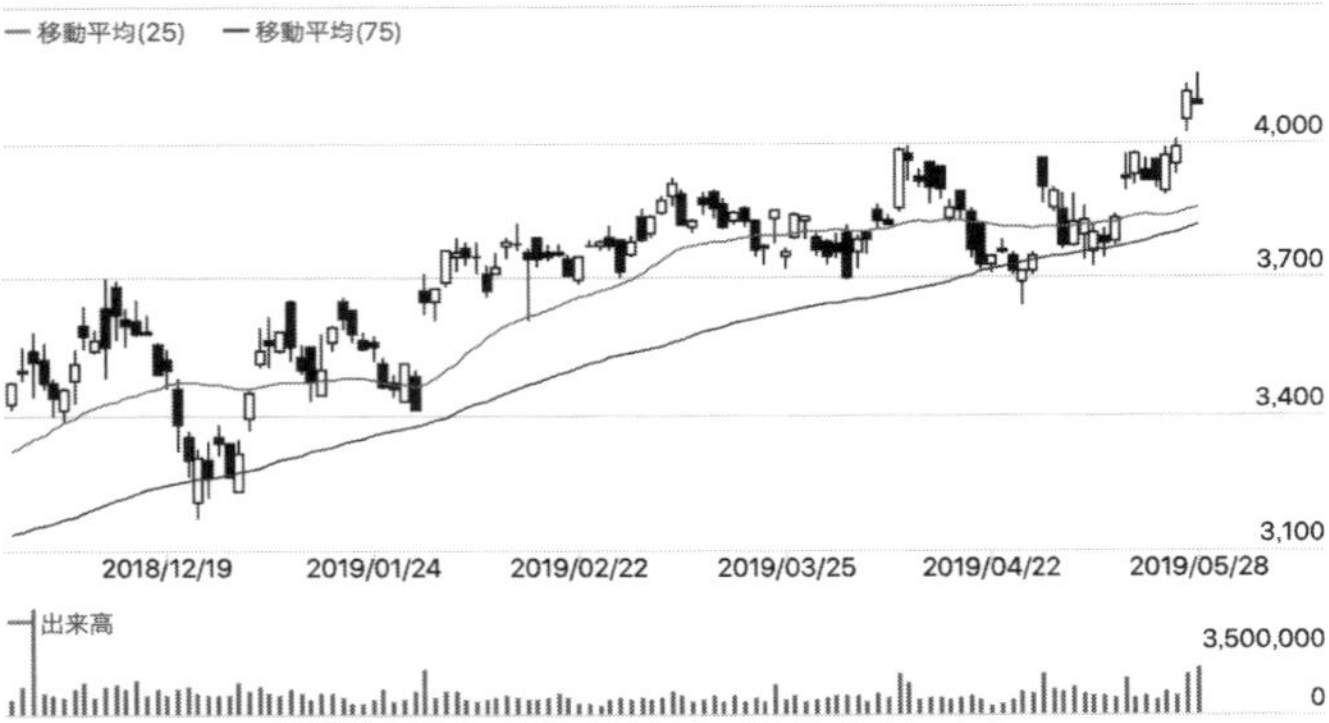

老舗銘柄らしく動くＮＥＣ（６７０１）↑と
新興銘柄らしく値動きの荒いユビテック（６６６２）↓

「みんなの株式」https://minkabu.jp

鬼100則 21

個々の株価は日経平均に引きずられる

日経平均株価やTOPIXを「森」と例えるなら、個別の銘柄は「木」となる。木の集合体が森になるのだ。

木の葉が揺れ、花が咲く。それにつれて森の様子も千変万化するわけだ。**全体相場の動向と個別銘柄の動きがすべてリンクすることはない。ただ、市場に入る資金は同じなので、全体相場の動きは当然ながら木、すなわち個々の銘柄の動きに関わる。**

個別銘柄の日中の動きを見ていて、「上げてきたな」「下げてきたな」と兆しを感じ、平均株価を確認すると、個々の銘柄の動きに酷似していることが多くある。

個別の銘柄の動きは、個別企業の経営状況などの材料を反映するが、とはいえ経営状況が昨日と今日でそれほど変わることはない。

日経225銘柄以外の企業の経営情報が衆目を集めるのは、年4回の決算数字が発表された時と、会社から何らかのIRが出された時ぐらいだ。

にもかかわらず各企業の株価が毎日同じではないのは、全体相場の流れや市場に入るお金の動きが個々の銘柄にも反映されるからだ。

そのために「今日の日経平均は上がった／下がった」という解説の下で、個々の銘柄の動きが語られる。

ただ、**日経平均株価と同じ動きをする銘柄と、逆の動きをする銘柄がある**からややこしい。

その癖をつかむことだ。

「木を見て森を見ず」になるなかれ。

日経平均↑と相似の関係にあるアンリツ（６７５４）↓

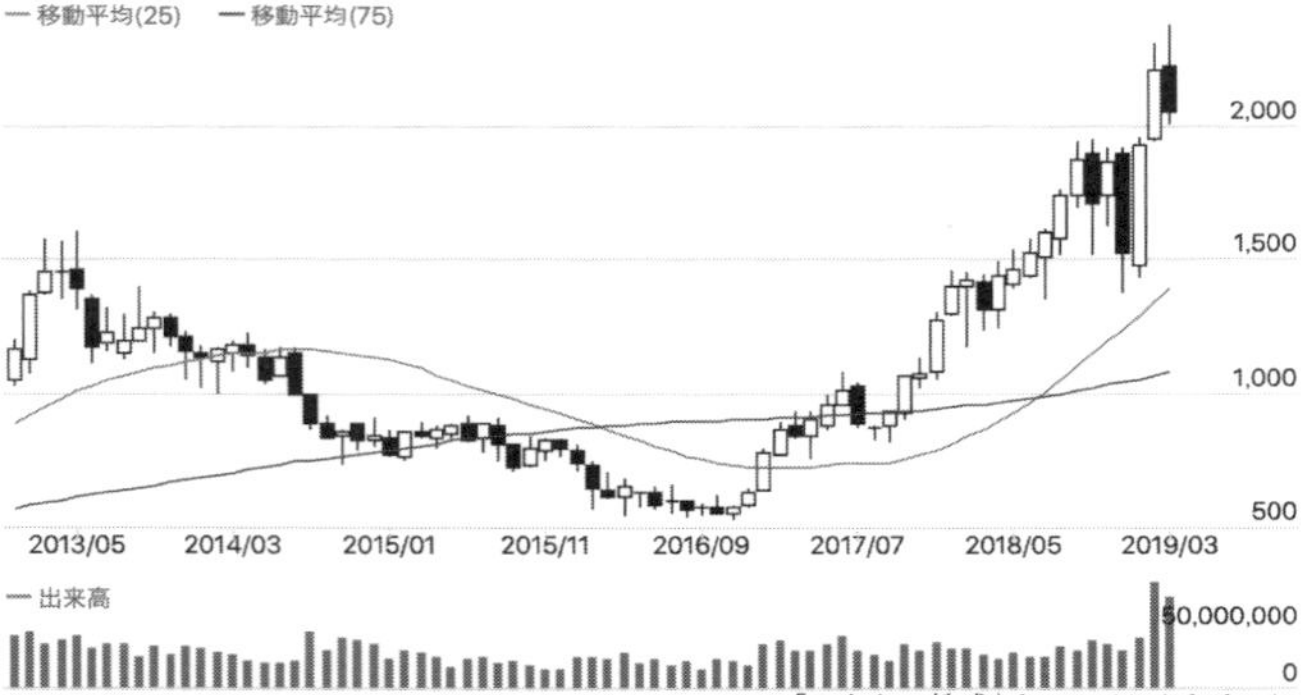

「みんなの株式」https://minkabu.jp

鬼100則 22

東京独歩安に泣くな

「東京市場の独歩安」などというヘッドラインを見たことがあるだろう。

世界中の株が上げている中で、なぜか連動してくれない我が株に歯がゆさを感じることも数限りない。

しかし、安心して欲しい。

日本企業が不甲斐ないわけではない。

一時的にはそうした動きがあっても、長い目で見れば、東京市場はほぼ、NYやロンドン、フランクフルトなどと似た動きをしている。

これは欧米の自由経済圏と我が国の経済が近しい関係にあるからである。経済活動は、多少の差はあっても、連動している。

欧米の自由経済圏の動きは、いずれ東京の株価にリンクする。

ＮＹが下げているのに、東京だけが上がるという要素は、残念ながら株の世界ではほとんどない（為替で、円の独歩高はよくあるが）。こうした状況になると、手放しで喜んでしまいがちだが、逆に要注意のレンジに踏み込んでいることを自覚しなければならない。

ただ、アジアや中南米、東欧など新興国市場の経済圏は若干異なる。相場の参考にはできても、東京と連動するわけではないので、そう細かに気を配らなくても良い。

とはいえ先にも述べたが上海、深センだけは、アメリカと日本との経済のつながりが極めて濃いので、用心しておかなければならない。

また、インドネシア、ベトナムなどの東南アジアで興隆している経済圏も我が国との関係が深まっているし、中国からアジアに工場を移す傾向があるので、ある程度の関心を持っておいて欲しい。中国がダメでも、アジアで稼いでいる企業もあるので、無視はできない。

日本の企業活動は、時代とともに変わっていく。注意深く見ていくことは、株式投資の成功につながるだろう。

鬼100則 23

サーキットブレイク発動に近寄るな

急激な株価の変動は、市場を危険にさらし、投資家に多大な損害を与える。そのためこれを防止するために「サーキットブレイク制度」が導入された。

NY市場で1日に22％も下落した「ブラックマンデー」。

日本ではその後に初めて導入された。

市場は、実態に比べて心理的な動揺から「行き過ぎ」が時には見られる。

それを防ぐには、**いったん市場の取引をストップして、投資家の熱した頭を冷ます**のが最適だ。

異常な電流が流れると危険なため、自動的にブレーカーが落ちるのと同じ原理だ。

東京市場では、先物市場に導入されていて、2001年のアメリカ同時多発テロや2008年のリーマンショックなど世界的危機、そして2011年の東日本大震災の際などに発動した。

中国では制度を導入した2016年当初に数回見舞われ、運用を停止したのは記憶に新しいだろう。

株式投資では、リスク管理が大切であり、利益を求める半面、不利益を最小に抑えないと、トータルでの収益を得ることが困難になる。

そのために、**サーキットブレイクのような「相場の急変」の時は、様子見で対応するのが賢明**になる。

いたずらに「火中の栗」を拾おうとして、大やけどを負うことだけは避けて欲しい。

株式投資では、全財産を投入するものではない。

あくまで余力の範疇で行うことだ。

「これが下げたら生活ができない」というようなドラスティックな投資は、投資ではなく投機であり、やがて博打になる。

「君子危うきに近寄らず」

これを大切な教訓にして、地道な投資を心がけたい。

下がり終わるのを待って勝負すればいいだけだ。

鬼100則 24

相場の裏に仕手筋を見分けよ

「**仕手株**」とは、株式投資を行うと必ず耳にする言葉だろう。株初心者はまず手を出すべきではない、と言われる。でも、そう言われると知りたくなる、そして手を出したくなるのが人情だ。

仕手株は、特定の団体が小型の株式など**浮動株の少ない銘柄をターゲット**にして、意図的に株を買い集め、ある程度の目標の**玉を確保した後、様々な情報を流して買いを促し、株価が急騰したところで売り抜ける**ものである。

こうした株価の操作を意図的に行う集団を「**仕手筋**」という。

彼らは、比較的資金を持っている宗教団体、政治家、実業家、医師から一般サラリーマン、主婦まで幅広く資金源を持っている。

仕手筋は会員制をとっている。

上級から下級のランクまであり、ランクの高い会員には、情報がいち早く提供され、有利なタイミングで銘柄と買い上がるタイミングの情報がもたらされる。

ランクが低く、安い会員料で参加しているグループは、チャンスもあるものの、時には株価をつり上げるための「援護射撃の玉」に乱用される可能性もある。必ず仕手株の値上がりの恩恵に浴せるとは、限らない。


そして金融機関も、この仕手筋の動きに相乗りしている。

我々一般の個人投資家が仕手筋の動きを知るのは、出来高急増や株式専門誌などの報道でのみである。

その時点では、すでに「仕手本尊（仕手の中心的な人物）」は、利益確定の段階に入っている。いわゆる「提灯買い」と言われる噂買いの投資家の動きの中でわずかな利益を得ることになるのである。

仕手株の深追いは禁物だ。
そして、不自然な出来高急増や株価の動きから仕手筋の動きを見抜く目を持てれば、長く相場を張っていけるだろう。

鬼100則 25

ネットの「美味しい情報」に飛びつくな

仕手筋が仕手株の仕上げで100%儲けているかといえば、必ずしもそうではない。仕込んだ情報が洩れて株価のつり上げに失敗、損切りを余儀なくされることも皆無ではない。

ただ、秘密結社のごとく何か極秘の内輪情報がもたらされるというのは、いかにも儲かるように聞こえるのだろう。

「私だけが知っている情報」が媚薬のように人を誘う。

いま、ネット上では、有名ブロガーやインフルエンサーといわれる人たちが仕手株専門の情報を有料の「メルマガ」やSNSで流し、数十万の会員を持っている。

こうした仕手本尊に直結するブロガーサイドの儲けのチャンスは確率が極めて高いことだろう。

なにしろ、**メルマガを待つ会員は有力な「買い手」**である。

ブロガーが情報を流した時点で、ブロガーおよび仕手筋は確実に売り抜けられるのだ。

このような仕手筋や宣伝役のブロガー・インフルエンサーの実態を知り、株式投資に臨むことは、極めて重要である。

株式市場はいかにも公平なマーケットのように思われているが、ネットを巧みに活用した仕手筋の「相場操縦」にうまく乗せられてしまうと、確実な投資の成果は得られない。

万が一、**仕手筋情報を活用する時は、「早乗り、早降り」の素早い投資を**肝に銘じることだ。

間違っても、仕手筋の情報を１００％信じてはならない。

仕手筋は本尊のグループが確実に利益を得るための手段として、「あらゆる情報、あらゆる人員」を総動員する。

餌食になりたくなかったら、常に腹の探り合いをすることだ。

鬼100則 26

東京市場はガイジンがほとんどだ

市場は日本にあっても、東京のど真ん中にある証券所でも、そこで取引している「プレーヤー」の実態は全く違う。

外国人の日本株の保有比率は3割に達している。

日本に住む外国人の比率は、わずか1％。

いかにガイジンが日本の株を多く持っているか、わかるだろう。

これで驚くのはまだ早い。

外国人の日本株保有数は3割でも、売買代金では6割を占める。

つまり東京市場で毎日売買している人の6割がガイジンなのだ。

東京証券取引所とはいっても、世界の中のTOKYO STOCK EXCHANGE。

ガイジンがうじゃうじゃ取引していて、その中で、我々も参加させてもらっているというのが妥当なイメージだろう。

それだけではない。

日経平均株価に大きな影響を及ぼしている「先物市場」に至っては、７割から８割。

もう、ほとんどガイジンが占めている、ガイジンが動かしていると言っても過言ではない。

「先物が高いから、日経が上がった」「先物の下げで、利益確定が急がれた」とよく言う。

もう、ここまで来たら、東京という名を持つ国際市場のひとつと言ったほうが良いかもしれない。

東京でも、ＮＹ、ロンドン、フランクフルトで売買しているのと、メンバーはほとんど変わらない。そこの市場の参加者が何を考え、気にしているのか。この視点から売買しているだけだ。

もはや、日本の中の小さな出来事だけを考えても意味がない。

ガイジンは何を軸に考えるか、どう感じるかの視点がないと株価の動きが読めない時代なのだ。

鬼100則 27

システム売買の癖を見抜く

システムトレードの名を、よく聞くだろう。

要するに、個々の銘柄のファンダメンタルやテクニカル面の分析を行い、株価の癖も勘案して、売買に関してプログラミングするわけだ。

例えば、この会社は「経営状況が良く」、「PERが割安」、「テーマ銘柄」だから、株価目標を高めに設定。そして「しばらくは右肩上がり」と予測し、「押し目で買い」、「吹き値を売る」と設定。

そして小刻みに売買を繰り返して利益を積み上げる。

すべてはコンピュータが出した売買指令通りに、忠実に売買が行われる。

しかし、「ここまで来たら売り」「この動きが出たら処分」というようなリスク管理も織り込まれていることが、最近の市場の問題をも引き起こしている。

ある程度の下げがあると、**システムに従って一斉に売りが始まり、売りが売りを呼んで**

強烈な下げ相場へと一転する。

問答無用で売却するから、そこには「心理戦」もクソもない。

相手はすでに、打ち込まれた方式で動かされているだけだ。

これが個人投資家にとっては、恐ろしい。

何かインパクトのある悪材料があるわけでもないのに、雪崩を打ったように下げるから、合点がいかない。

相場がある方向に強烈に動きだしたら、「システム」の仕業なのだ。

理屈をこねて抵抗しても何の得にもならない。

「落ちるナイフを拾うな」とあるように、**落ちて、止まるまで手出し無用**。

その代わり、**ぐんぐん上げ始めたら迷わず付いていけば良い**。

システムとはいっても、所詮は人間が作っているプログラムだ。癖も出るし、失敗もある。

ただ、「機械的売買」だから、人間らしさのない、無機質な動きをする。

また、一度ダメだと判断されたら簡単には復活しない。

心して対応して欲しい。

鬼100則 28

板にバレバレ！ＡＩ売買の足跡

最近の株取引の大半は、個人投資家以外は人工知能すなわちＡＩによって行われている。これらを駆使するのは、機関投資家といわれるファンド、生命保険、年金資金、銀行、証券会社など。巨額の資金を使い、相場を操縦しながら、テクニカルの動きまでも作成して、有利に売買を進め、利益を確保している。

機関投資家の投資タームは「超短期」が普通で、デイトレよりも短い。瞬間的な取引だ。これを「**スキャルピング**」という。

数銭から数十銭という極めて少額の差益を、資金量にものを言わせて１日に何回も繰り返し、利益を積み重ねる。

この動きは**板情報の「歩み値」を見ていると、大きな量の制約が「売り」「買い」に現れるので、瞬時にわかる。**

この動きは上げる時も下げる時も、頻繁に見られる。特に、人気銘柄、テーマ株の動きには物凄い勢いで売買が繰り返されるから、一度見てみて欲しい。

スキャルピング売買の手法でえげつないのは、「見せ板」を多用して、投資家をだまし、錯覚させて利益を得ることだ。

例えば、大きな売りの玉を上値に見せておいて、「これは下がるな」と売ってきた個人投資家の売り玉を吸い込み、次の瞬間に、今度は大量の買いの玉を下値に出して、「上がるかな」と買い始めた投資家の裏をかいて、利益確定をする。

これを物凄い速さ、回数でやるから、**板は「チカチカ」して、目がおかしくなるくらいの動きになる**。

もちろん、すべての銘柄でこうした売買が行われるわけではなく、日によってターゲットは変わる。

我々個人投資家は、そのように頻繁に売買しなくても、ある程度のテクニカルの眼を持つならば、十分に対抗できる。

日足、週足での傾向さえつかめば、株価の方向は読めてくるだろう。

ＡＩ相手でも、勝てる可能性は低くないのだ。

鬼100則 29

新興市場は1人の売りでストップ安になる

急騰、急落が多いのは、マザーズ、ジャスダックなどの新興市場の材料株だ。浮動株が少なく、わずかな売買で大きな変動がある。これが個人投資家に人気の理由だ。大型の優良株で100円幅を狙うよりも、新興の小型材料株で1000円、2000円の幅を狙うほうが醍醐味がある。

日経225平均銘柄が下げていても、新興の材料株は急騰している時がある。**大手の資金やガイジンの介入が少ないから、大きな流れに影響されにくく、独自の相場観で投資できる**のも、面白みがある。

ただ、値動きの良い新興の銘柄ですら、参加者は個人投資家だけというわけではない。これはだいぶ前の話だが、セキュリティ関連の銘柄が大した裏付けのないままに、期待だけで急騰し、「どこまで行くのか」と人気化した真っ最中の午後、1億円の売りが出て、

いきなりのストップ安になったことがある。

これは下手くそなガイジン１人の売りが原因だったのだが、小型の銘柄は売られる時も買われる時も大きく動くから、リスク管理をしっかりしないと、元金まで持っていかれる。

最近では、２０１８年末に札幌証券取引所のＲＩＺＡＰ（２９２８）が２０１９年３月期通期の業績を下方修正したことで、赤字に転落するとの情報が回り2日連続ストップ安、わずか２６５円（80円安）となった。テレビ宣伝でＭ＆Ａの拡大路線をとる企業にも火種が隠されている。

面白く、わくわくする銘柄は、逆になるととんでもない値動きをする。

用心深く取引をしたいものだ。

2928 RIZAP

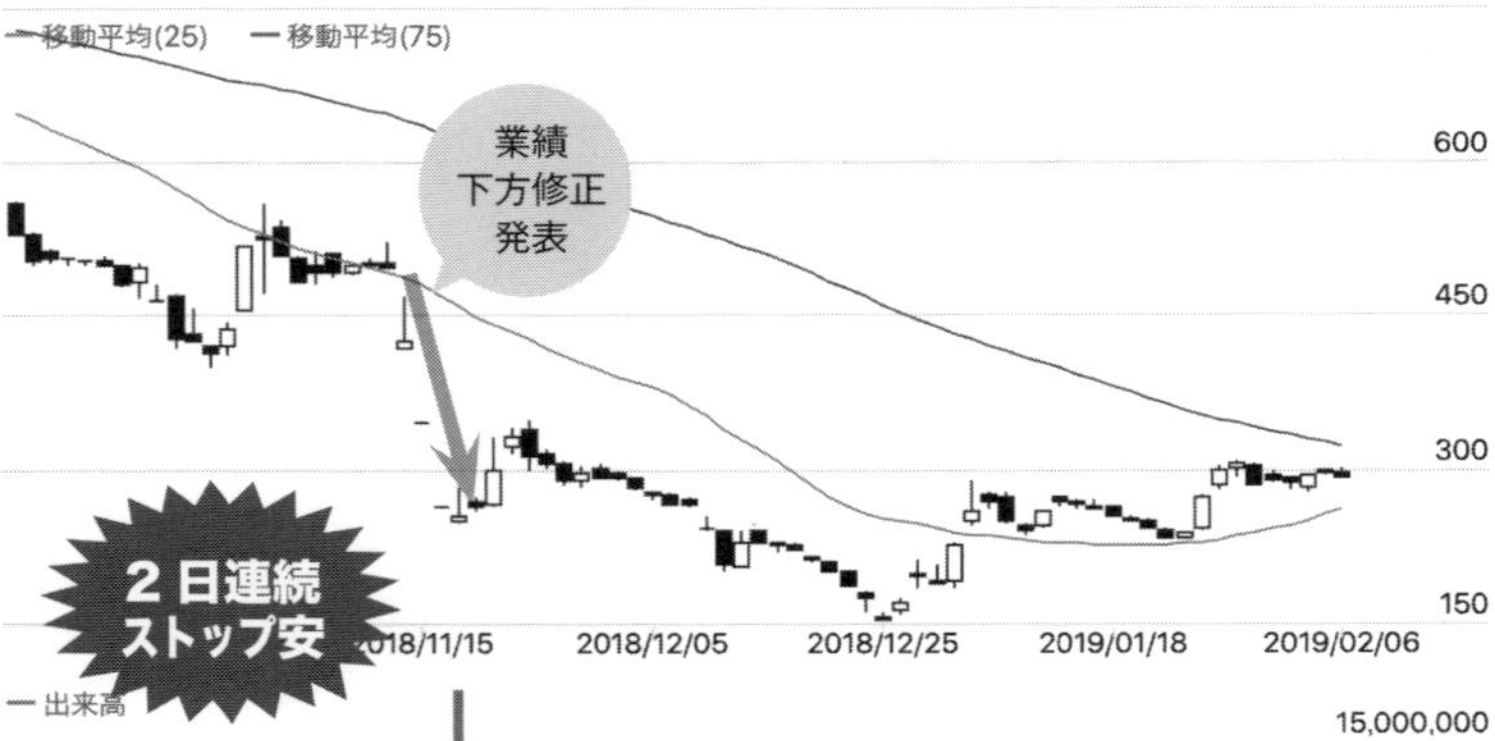

「みんなの株式」https://minkabu.jp

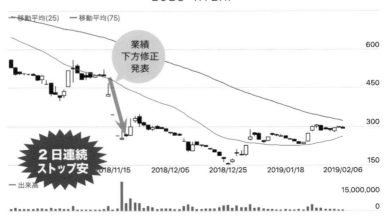

鬼100則 30

日銀の株価介入が相場をゆがめる

アベノミクスの物価目標2％への応援のためか、日銀が、2016年から毎年6兆円ものお金をつぎ込んでいる。

この「**日銀買い**」は、特定の銘柄を直接買うわけではなく、ETF（上場投資信託）購入という間接的な買いではある。

これにより、株価変動抑制に効果がある、と日銀総裁は主張している。

しかし、株式相場を意図的につり上げていることには変わりはない。

お札を刷りまくる日銀が民間会社の株を買い集めるのは、いかがなものか。

買ったものは、永久に保持するわけにもいかず、やがては「売り手」になる。下落リスクを日銀が増幅させているわけだ。

日経平均株価が5万、6万とバブルの様相になれば、「冷やし玉」として使えるかもしれないが、その確証はどこにもない。

「株価が上がっているんだから、良いじゃないか。別に個人が心配しなくても」

それはそうかもしれないが、せっかく日々の株式売買で稼いでいても、大暴落が来れば、一気に儲けどころか、元金までも失いかねない。

用心して売買するに越したことはない。

株式投資では、理屈に合わないような日銀の動きは、どこかでつけを支払わされるのは間違いないのだ。

株式投資の鉄則は、すべての資金を使わないこと、余裕資金で行うことだ。

こういう「鉄則」は、頭に血が上るとついつい破ることがあるので、十二分に肝に銘じたい。

日銀のＥＴＦ購入額月間推移

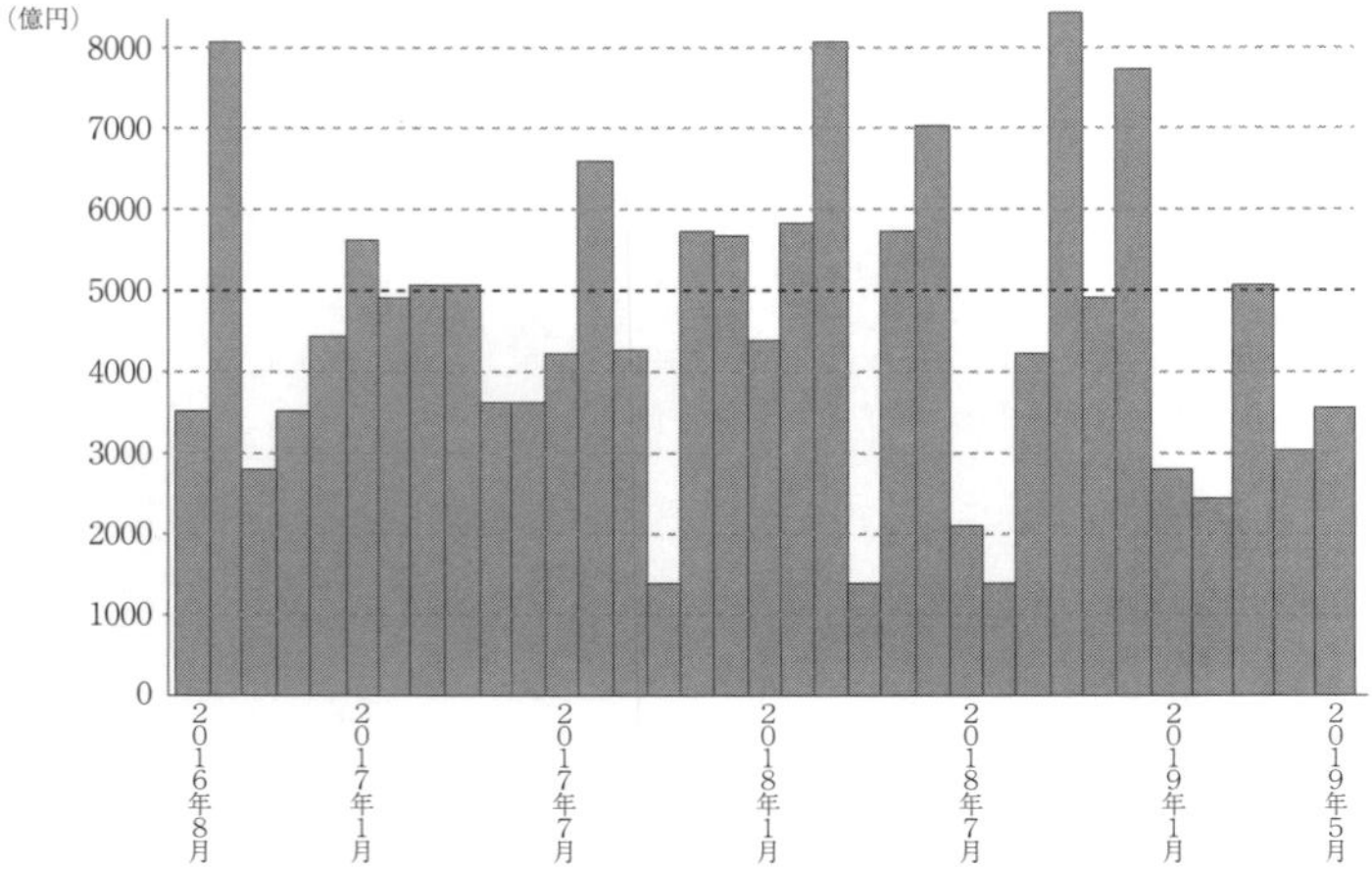

第3章

売買
タイミングの
鬼九則

待つは仁、向かうは勇、利乗せは智の徳。

ビジネスの世界では、いつもフロントガラスよりバックミラーのほうが良く見える。

ウォーレン・バフェット

鬼100則 31

史上最悪の時こそ、出動せよ

株式投資で「絶対に勝てる方法があるか」と聞かれれば、「ある」と断言できる。

しかし、それは誰もがやりたくない、できない方法でもある。

近くは「リーマンショック」の時に、あなたは株を買えただろうか。その前ならば、ライブドアショック、ＩＴバブルの時。

皆、持ち株は損切りしたか、長期の塩漬けになったことだろう。

でも、資金の余裕があるならば、**「誰も見向きもしない」その時こそ、株の世界では「チャンス」なのだ。**


ご存知の通り、経済は一時的な恐慌や不安があっても、決まって政府の救済や経済的な対策が敷かれ、やがては回復する。

後になれば「あの時は最悪だった」と呑気に振り返ることができる。

儲からない投資家がやる失敗は、企業が好調で株価も高い時に買って、その後の下落で売る、ということだ。

「人の行く裏に道あり花の山」

こういう文句を聞いたこともあるだろう。

人が強気になって買っている時は、天井が近い。一般ビジネス誌が株特集を組み、株初心者が、「株を買いたい」と思うような時も、大抵買うタイミングではない。

「株を買うなんて、危ない」と言われる時に株を買うのが成功の秘訣だ。

「麦わら帽子は冬に買え」「冬のコートは春先に買え」

皆、同じことを示している。

人の反対を行くことで、儲けのチャンス、得するチャンスがある。

株価が上げ始めた時は、上げたり下げたりで意外と儲からない。

誰も見向きもしない時ならば、多少の下げはあっても、暴落の後の暴落は限られる。後は放っておけば、大きな資産になることは間違いない。

それができるかどうかは、ひとつマインドの問題なのである。

鬼100則 32

「この世の終わり」で強気になれ

投資家が株でリスクをとるときの運用資金に対する割合は、1回2％が理想と言われる。

機関投資家や仕手筋はそのルールで動いている。

2％なら、たとえゼロになったり、ストップ安で資産が減っても、大して心を痛めずに済むし、次の取引で挽回が可能だというのだ。

100万円であれば、2万円だ。確かにこれなら、なくなっても「痛くも痒くもない」。

しかし、実際はどうだろうか。

100株2万円で買える有望銘柄はほとんどない。

低位株、ボロ株と言われる投機まがいのゲームに翻弄されて終わりだ。

100万円の資金でひとつの銘柄に50万円を使っている人も少なくないだろう。

5割とは、いくらか投資をしてきた者から見ると、あり得ない割合だ。

その株がいつか上がることに固執し、他に投資しておけば得られたかもしれない利益を逸失する可能性も高まる。

そこで、100万円しかない個人投資家が、まず心得るべき投資戦略は、**倒産するか否かわからないような銘柄には投資しない**という鉄則だ。

安定的で、変化率の少ない銘柄ばかりでは面白くないかもしれない。

しかしリスクが取れる金額まで、運用資金を増やすための努力が先になる。

要するに、超ハイリスクの銘柄で大きくリターンを獲りたい人でも、最初は資産をある程度コツコツ増やして、その後に、「打って出る」ということなのだ。

500万円の2％リスクなら10万円。これならば、選択肢は格段に広がる。

「億り人」という言葉に憧れる個人投資家は多いが、最初からの大儲けはあり得ない。最初は地道に、株価のセオリーをしっかり身につけて売買し、経験に裏打ちされた投資勘が養われたら、打って出ることだ。

落ちるナイフを見届けた後に勝機あり

株価は「買われ過ぎからの暴落」が、時にやってくる。

そこに理屈はない。

「高過ぎだ」「そろそろだ」と皆が思った時に、我先に利益確定の動きをとり、売りが売りを呼んで「暴落」となる。

チャートで見れば、陰線の連続。しかし、落ちる時は速く、やがて**底値に到達**する。

そこが**買いのチャンス**だ。

普通はとても買えない。

そこをあえて買える人が、株の世界では「勝ち組」になれる。「皆で渡れば怖くない」という、付和雷同の売買をしている人には利益確定のチャンスはない。

ナイフが落ちて、床に弾んだ時は、多少の上げ下げはあるものの、それ以下にはならない。後は上がるだけだ。

コメ相場にもこのような格言がある。

「万人の気弱きときは米上がるべきの理なり」。

相場というのは、「総弱気」の時に、「底値」に到達する。皆が弱気の時に、自分も気を失っていたのでは勝ち目はない。


「半値八掛け二割引」と昔からよく言う。

高値の半値の8割を、さらに2割引した価格、つまり**高値の32%**（×0.5×0.8×0.8）**が下げ止まりの目処**になるというものだ。

前に述べたサンバイオなどは12730円から10日で2401円まで下がったから、この範疇以上だったが、爆騰前の水準に戻っただけとも言える。

虎視眈々と「下げ過ぎの銘柄」を探そう。

そこへ、底値のフラグが立ったら大切な資金を投入するのだ。

このタイミングでは、後に下げてもたかが知れている。後は買い直されるしかない。

誰も買わないような時に、そっと買い、時を待つ。

この投資こそが勝利の確率を高めるのだ。

鬼100則 34

「閑散に売りなし」強気になるのが良い

個人投資家が犯しがちな二大ミスは、**「売ってはいけないタイミングの売り」「急騰前の手放し」**である。

市場の売買出来高が急に少なくなり、**閑散な相場**になった。

買いは引っ込み、大手の売りもほとんど終わってしまった。

このような状況で、我慢できなくて「損切り」をするのは、愚の骨頂である。

個人投資家が掲示板などで嘆いている話に「買ったら下げる、売ったら上げる」というのがある。これはその悪いタイミングでの売りがいかに多いかを示している。

ただ、この項のタイトルにもなっている「閑散に売りなし」の「売りなし」とは、「売りが出ない」という意味ではない。

「売るという手はない（売ると馬鹿を見る）」という意味合いだ。

売るものは売られ、買う人もまだ出ないで、「下値横ばい」状態で、イライラするような閑散相場。

実は、**安値放置の優良銘柄を拾うには最適の状況**なのである。

これは個別の銘柄にも言える。

人気圏外になり、下値を這うような業績好調銘柄は、黙って拾っておきたい。

間違っても、手放す場面ではないから、イライラの売却の愚は犯さないようにしよう。

耐える、時間を稼ぐのも、投資の王道なのだ。

「売りなし」閑散の後に来るのは、仕掛けからの急騰。

ファンドは、動かない相場を一番嫌う。

市場の都合を心得ておこう。

6572　RPAホールディングス

「みんなの株式」https://minkabu.jp

鬼100則 35

出来高急増の下げはファンドの売り

株式市場では、売買代金で重要な位置を占めているファンドの動きに注目して売買しないと、思わぬ大きな損害が出ることがある。

ファンド関連で、よく「**45日前ルール**」という言葉が使われる。

投資家はファンド（投資信託）を売る、つまり解約する時に、各四半期末の45日前に通告しなければならない。

通常の投資信託は公募形式だからいつでも解約可能だが、一方、私募ファンドは50人未満から資金を集めるものなので、自由に解約はできない。なにしろ、1人からでもファンドは組めるので、1人の思惑で多額の売却があると、相場に大きな影響を与え、運用者にも大きな損害があるからだ。

決算期末の45日前というのは、上場企業に定められている「四半期決算の発表」のタイミングと重なる。「決算日」と「決算発表日」には、大体45日のずれがあるのだ。

ファンドで投資している投資家は、決算発表日の45日前、すなわち、年に4回ある四半期決算の45日前に、売却するか、しないかを決める。

そのために、**企業の決算発表が行われる5月、8月、11月、2月半ば**のタイミングで、決算数値による大量の売買が行われるので、投資家にとって**「決算マタギ」は、大きなリスク**がある。

決算発表前に株価が大きく動くのは、往々にしてこのようなことが背景にある。

もしファンドの売りで暴落しても、内容のある銘柄ならば、慌てず保有して復活を待つのが良い。「敵を知り己を知れば百戦危うからず」というではないか。

慌てていては、機関投資家には勝てないのだ。

9065　山九

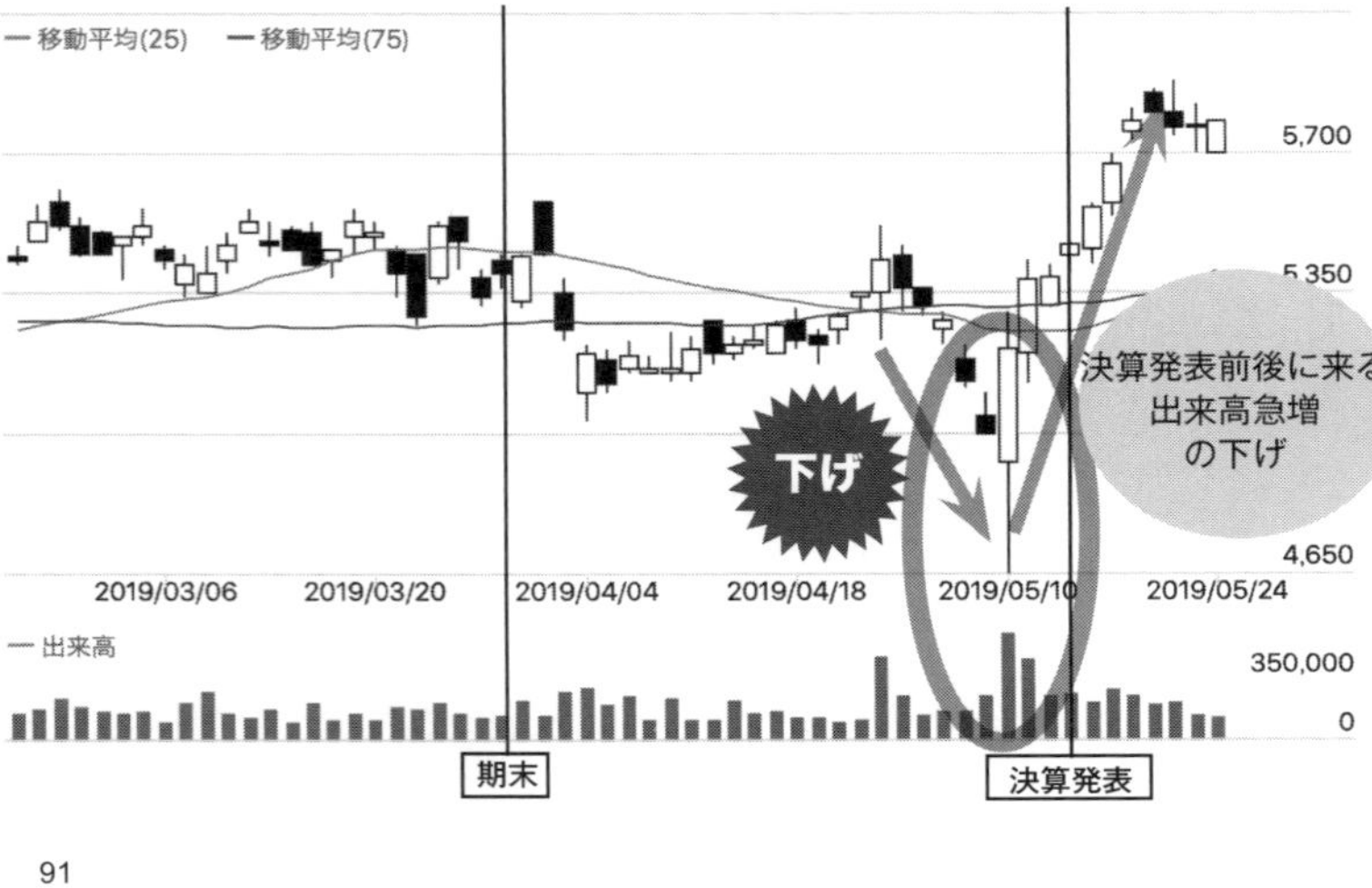

鬼100則 36

理由なき暴落、実は正しい

株式市場では、時々、理由のわからない下げがある。

下げには通常何かのきっかけと理由があるが、シナリオが描けない、下げている要因がわからない、何となく下げている、というような下げも、日本に限らずNY市場でも定期的にやってくる。

下げた後に、「長期金利が上げ過ぎだ」「アップルの業績が良くない」「思ったよりも経済指標が良くない」など、したり顔で理由付けがなされる。

ただ、下げは下げだ。

下げに、理由は必要ない。

NY市場の重要な指標に「**VIX指数**」(恐怖指数)がある。

これは投資家が、相場に対して何らかの危険やリスクを感じて、「リスクオフ」(資金の逃避)を考えている数値だ。

株価が大きく下げる時は、ＶＩＸ指数も跳ね上がる。通常は9から10の低いレベルだが、**いきなり25などになる時は、得てして株式市場に暴落が起きる。**

「理由なき下げ」は、エコノミストや市場が理由付けできない下げのこと。

不思議でも何でもない。

市場の動きはその時点で常に正しい。

「相場は相場に聞け」と言われるが、相場に逆らっても、何も良いことはない。

いま起きている株価の動きを素直に受け入れて、どのように対処するかが大切なのだ。

恐怖指数にも波があり、上げ下げのカーブがある。その「波乗り」をうまくやりたいものである。

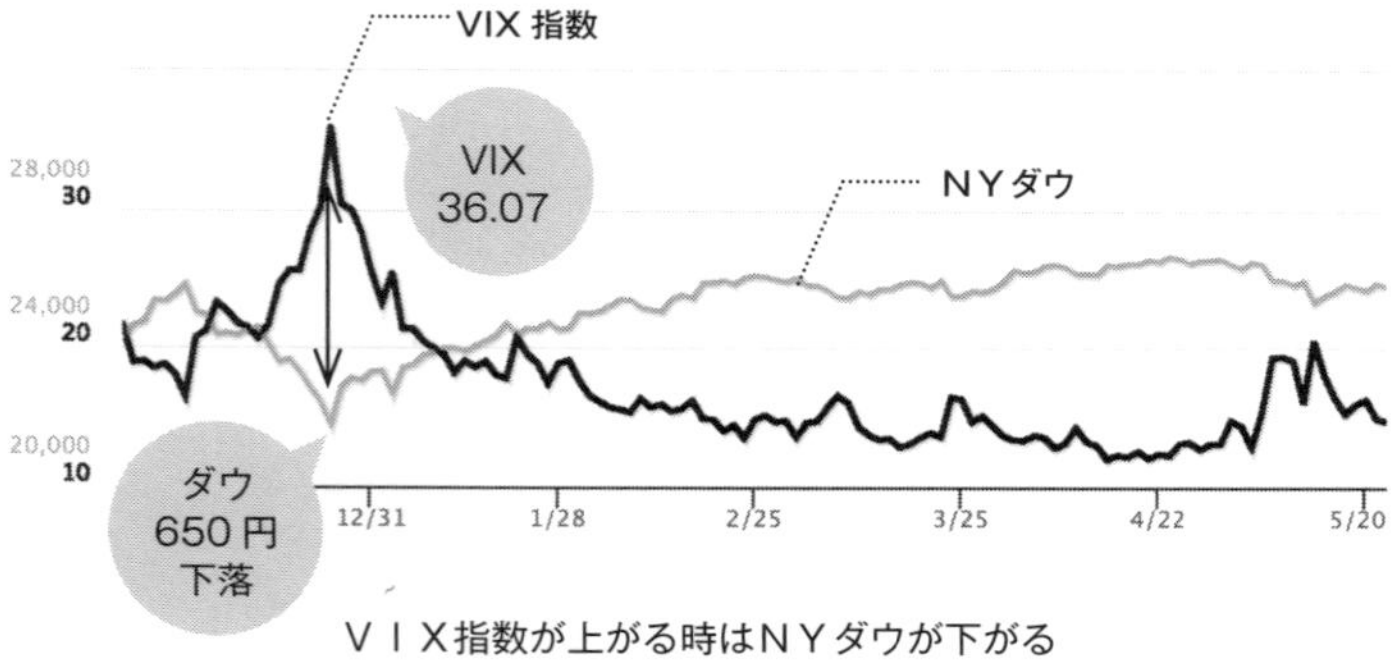

ＶＩＸ指数が上がる時はＮＹダウが下がる

「moneybox」https://moneybox.jp/

機関投資家のポジション調整を拾う

日本の株式市場で大きなお金を運用しているのは、ガイジンの他に、日本の機関投資家がある。

機関投資家と言えば、生命保険、年金ファンド、共済組合、証券会社の投資ファンドなどである。

彼らは運用の調整のために、**3月と9月に、売却する銘柄を決める。実はそれでその対象の株は下げる。**

というのも、3月と9月に運用成績を確定する決算を行うので、配当を受け取るために保有し続ける銘柄と、差益を取るための売却銘柄に分け、即実行するからである。

このタイミングは、逆に言えば、**買いのチャンスになる。**

機関投資家たちは差益が出ている銘柄の多くを売るので、東京市場の大方の銘柄は弱く

なる。

ただ、利益確定した銘柄を二度と買わないわけではなく、下げれば仕込むのがファンドだ。

なぜならば、差益が出た銘柄は業績が好調で美味しいわけだから、安くなれば必ず手を出してくる。

そこで、個人投資家がファンドと同じ行動をとる必要はない。

逆を行くべきだ。

売られて安くなった**3月、9月の有望株を仕込む**。その次には機関投資家が買いを入れてくる。そこで利益を出して売ってやれば良いのだ。

敵の裏をかく、これくらいの技を持たないと、市場の勝ち組になることはできない。

3402　東レ

「みんなの株式」https://minkabu.jp

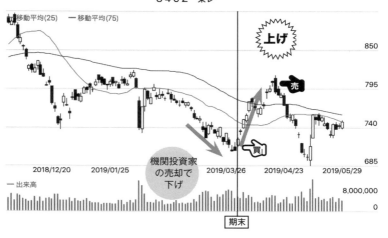

鬼100則 38

ブラックマンデーは底値だった

暗黒の木曜日（ブラックサーズデー）から始まるウォール街の株価大暴落は1929年で、そこから世界恐慌が起きたと言われる。その時の株価の下落は「木曜日」だけではなく、1か月間続いた。

その結果、金融機関はもちろん、あらゆる産業が傾き、経済は下降していったのだ。

1987年のブラックマンデーでも、同じく世界同時株安を起こした。

長い目で見ると「この最悪の時」が、株価の底値になる。

株価が持ち直すまで、相当な期間を待たないと果実は得られないかもしれないが、「史上最悪の時」は、逆を言えば、これほどの株を買う人のチャンスはないのだ。

「今後10年で資産を10倍にしたい」

こう考える人は、**じたばたせずに「最悪の時」をじっと待つ**のが得策だ。

金とドルの交換を停止させたニクソン・ショックが１９７１年。

物価の高騰を招いたオイルショックが１９７３年と１９７９年。

ＮＹが史上空前の暴落を見せたブラックマンデーが１９８７年。

アジア通貨危機が１９９７年。

２００１年には９・１１事件があり、同年にはエンロンショックも起こった。

ソニーショックが２００３年、２００６年にはライブドアショック、２００８年にはリーマンショックが続いた。

市場は何年かに一度、ショックや株価暴落に見舞われている。

そこで、一気に資産を投入して、後は寝かせておく。

それが最高の資産運用の方法なのである。


歴史を紐解くと、世界恐慌が起きる前の１９２０年代は、日本のバブル期を彷彿とさせるような繁栄の時だったという。

しかし、「この世の春」は、いつの日か、調整の日が来る。この歴史の教訓に学べる人が、これからの人生で大きな富を手にできるのだ。

鬼100則 39

相場抵抗力を感じて反発に向かう

株価にはご存知のように波がある。

強気相場の次に来るのが、「**大幅調整**」の嵐だ。

でも、この調整があるから、「割安銘柄」が出てきて、再び、見直されて買われる。

東京もＮＹも、時に大きな下げに見舞われ、強気から超弱気相場に変わる。

しかし、「**二番底、三番底**」で、**下値の確認**ができると、市場では「明るいニュース」が評価されて、**底値からの反発相場**になる。

株式投資では、有史以来繰り返されてきた、この波をうまく読んで、チャンスをつかむことが要請される。

チャンスは毎日あるわけではない。

最悪の時を迎えた後、しかも年に何回かだ。

例えば、ブラザー工業（６４４８）の日足を見て欲しい。

前期の業績が減収と出たために、２０１８年10月の２３１９円を高値にして、株価は階段を下りるように、だらだらの下げがあった。

しかし年が明けると、興味は来期の業績に移り、20年３月期が増益になるとの見立てで、株価は１５１７円から反発に転じ、２月には２１６７円へと、急上昇した。

上げた株価は下げ、下がった株は割安感が出れば、やがて上がる。

このタイミングを賢くつかむのが大切だ。

６４４８　ブラザー工業

「みんなの株式」https://minkabu.jp

第4章

テクニカルの鬼十五則

私たちがテクニカル分析を利用するのは、自分たちがそれを重要だと考えるからではなく、ほかの人々が重要だと思っているからです。

マイケル・マスターズ

私はマーケットを予測しようとは思いません。私はマーケットで実際に起きていることに反応しているだけです。

スティーブ・レスカルボー

底値のシグナルを探せ

株を買い、その後に利が乗って、利益確定する。これは誰もが願う株価の動きである。買いの最高のタイミングは「底値」を冷静に見付けることでつかめる。

間違ってはいけないのは、**「押し目」ではなく、「底値」を確認すること**である。株では「下げる」ことを「押す」と呼ぶので「押し目」は、上げている途中の下げだけでなく、**下げている最中の一段の下げ**もある。ただ、これは底値ではない。

「底値」は、ガンガン下げて、**あきれるほど下げて、「コツン」と来たタイミング**である。「これ以上は下げようがない」というレベル。

見極めが難しいのは、押し目と底値が似たタイミングになるからだ。

ほとんどの人は「底値」を買えず、上がり始めたところでようやく気づき、少し下げたところで買おうとする。

なぜなら、怖いからである。これまでガンガン下げたから、保有銘柄に大きな損が出て

いる可能性が高い。

株を買うには勇気がいる時だ。

ここをあえて買おう。その勇気がないと、株では儲からない。

大底では、得てして「投げ売り」が出るものだ。だから、**下げも急になる**。いくらでも良いから「成り行きでの売り」が出るわけである。

ここで、テクニカルの分析をすれば、チャートでは「**下ヒゲの長いローソク足**」が出る。別に、難しくはない「底値シグナル」である。

「下ヒゲ」は、１本でも十分だが、**２本出れば、反転の確率が極めて高い**。

このチャートをたくさんの銘柄から選び出し、うまく買うことが、勝利の習慣となる。

6971　京セラ

「みんなの株式」https://minkabu.jp

鬼100則 41

トレンドラインを読み切るべし

相場でも、経済でも、流れがある。

景気拡大や景気後退も長い目で見れば、交互にやってくるひとつの流れである。

１９８９年に３８０００円を超えた東京市場の日経平均株価は、バブル崩壊により下降をたどり、２００８年10月28日に６９９５円の最安値を付けた。

麻生政権時代のことだったが、この後の民主党政権でも東日本大震災などの不幸が重なり、経済は浮上することはなく、株価も低迷した。

第二次安倍内閣になると日銀の金融緩和に支えられて、「アベノミクス相場」が立ち上がり、株価は勢いづき、２３０００円を超えるまでに復活した。

これから後、相場がどのように推移するかはわからないが、株式投資は時の流れに乗ることが賢明なので、歴史的な流れを意識したい。

現在は、アメリカと中国の二大大国の覇権争いのはざまで、株価は迷走している。

超目先のデイトレも面白いが、**大きな流れを掴んでトレンドに乗る投資が一番成果が大きい**ことは確かである。

そのために、目先だけではなく、大きなトレンドを日々のニュースなどから的確につかむ力をつけておきたい。

株価の方向性は誰もが完璧に読み切ることは困難だ。

しかし、何かの異変があった時に、**長期的なトレンドの「どの位置」にいまあるのか**を、常に把握する眼を持つことは、大切な資金を投資する立場として、怠ってはならないことである。

日経平均株価

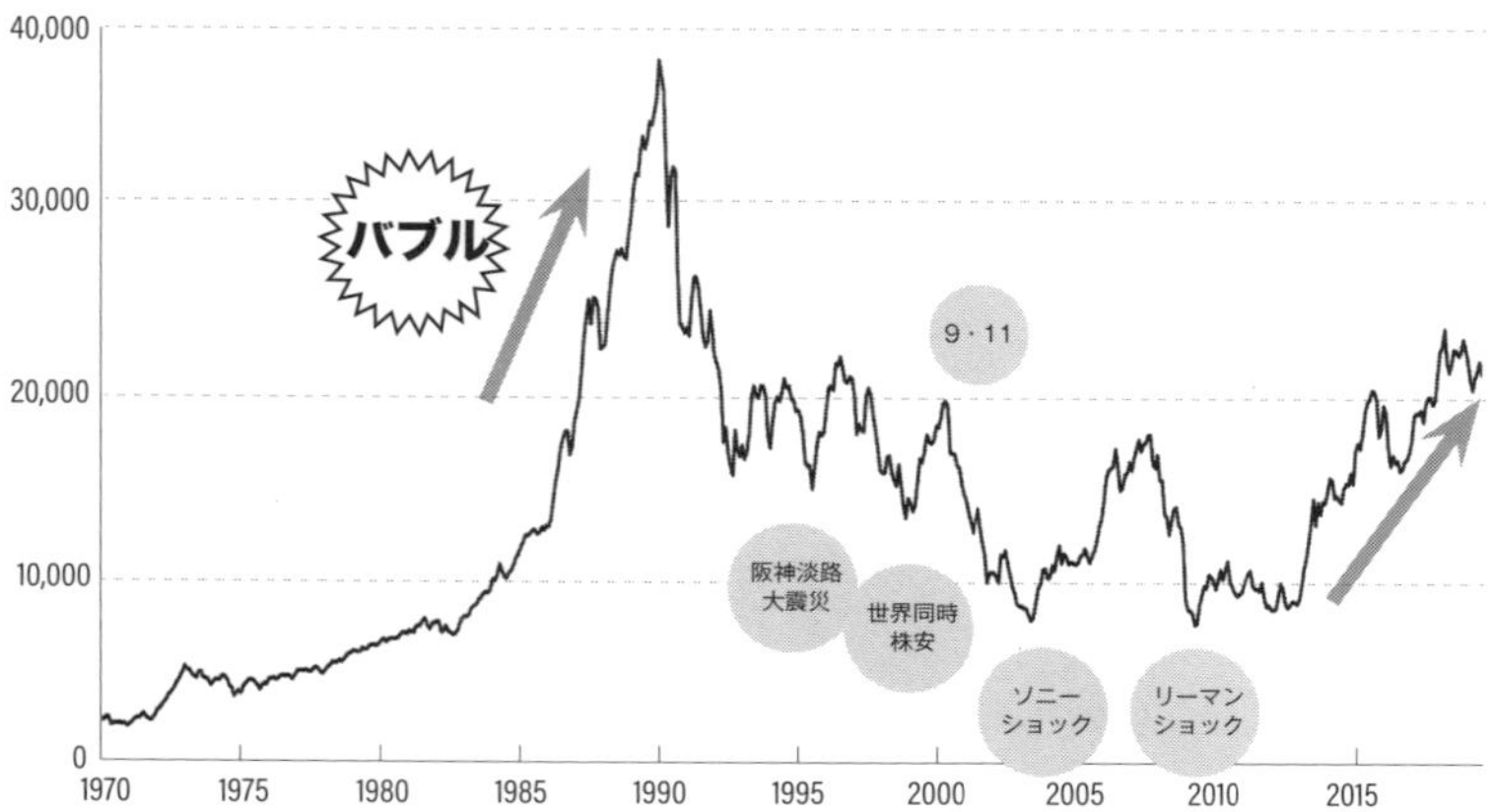

日足の陰陽線の癖を見抜け

株価の動きのその先は、誰もが読み切ることは困難だ。

しかし、傾向は読める。徐々に上げているのか、下げているのかは、株価チャートを見ればすぐにわかる。

これから買いたいと思う銘柄があったとして、その銘柄の日足はどうなのか、「上げているか、下げているか」「押し目か吹き値か」などを良く見ることが大切だ。

それぞれの銘柄には、同じ上げであっても、陰線が多い、陽線が多いなどの癖がある。

それを見抜く目を持つと、勝負に強くなる。

例えば**日足で陰線が多いのは、「寄り付き高値」の傾向がある**銘柄である。

こうした銘柄は朝の**寄り付きで信用の売り**をしておけば、得てして下がるので、そこで買戻しを繰り返せば、利益確定のチャンスが多くなりやすい。

逆に、陽線の多い銘柄は、寄り付きは弱いが徐々に株価が上がり、始値よりも終値のほ

うが高い。だから毎日、朝の寄り付き付近で買えば、傾向として始値を上回ることが多いので、買いから入る投資での利益確定の可能性が高くなる。

花王（４４５２）の日足を見ると、業績好調を反映して勢いのある動きをしている。

ただ、陽線ばかりではなく、強烈な陰線も交じっている。この動きは上げ過ぎた後の利益確定の売りが影響していると思われるので、**上げた翌日は買わない。下げた翌日に様子を見て買う**ような方法なら、利益を取れる可能性が高まる。

株価の動きは銘柄により、癖がある。

それをしっかりつかみ、頭に入れて、「こうなったらこう動くだろう」とシミュレーションをしておくことで、買い時売り時を見極められるのだ。

花王（４４５２）

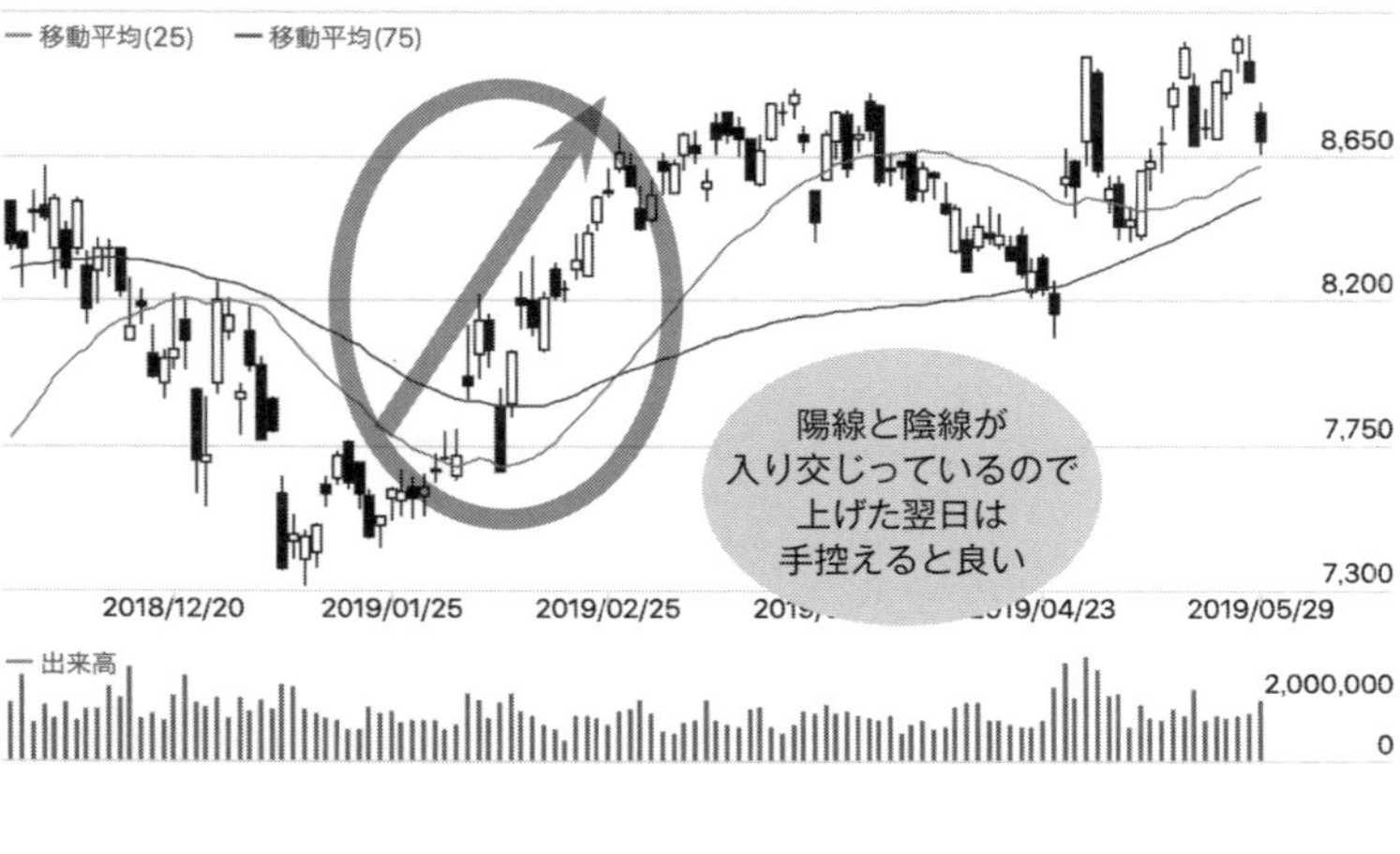

「みんなの株式」https://minkabu.jp

鬼100則 43

ゴールデンクロスは買いでなく、利益確定の時

株価の動きで「ゴールデンクロス」という「買いシグナル」がある。

これにはいくつかの種類があるが、基本的なパターンは、右肩上がりの移動平均線を株価が下から上に突き抜けた形である。

これまでのトレンドに異変が起きて人気化するか、徐々に買われて、急激に株価が上げた時に現れる。

そのため「ゴールデンクロスは買いだ」と言われている。なぜなら、クロスした時点で勢いがあるので、さらなる上値が期待できる、その可能性が高いと思われるからである。

しかし、あくまでも、確率のことだ。

多くのシグナルを見てきたが、クロスしてさらに上値を目指す銘柄もあるが、その時点で「目標達成」とばかりに、**反転下落する**銘柄も少なくはない。

なぜそうなるのか。

それは、すでに保有している人（特にファンドなど）は、クロスより前の、もっと株価が低い時点で「下値確認」して、多く仕込んでいるので、クロスの時点をむしろ利益確定のシグナルとして使うからだ。

大勢の人が「買い時だ」と考えるのに対して、先に買っていた人は、「売り時」と考えるのである。

そこを真似たい。

大勢の行動に合わせるのではなく、少数の行動をとる。株に勝つにはこれしかない。

「**ゴールデンクロスで売る**」。この投資家の勝利の確率は極めて高くなるはずである。

皆と同じ行動で勝てるような相場ではなく、孤独の行動が株の必勝の考え方である。

８１１３　ユニ・チャーム

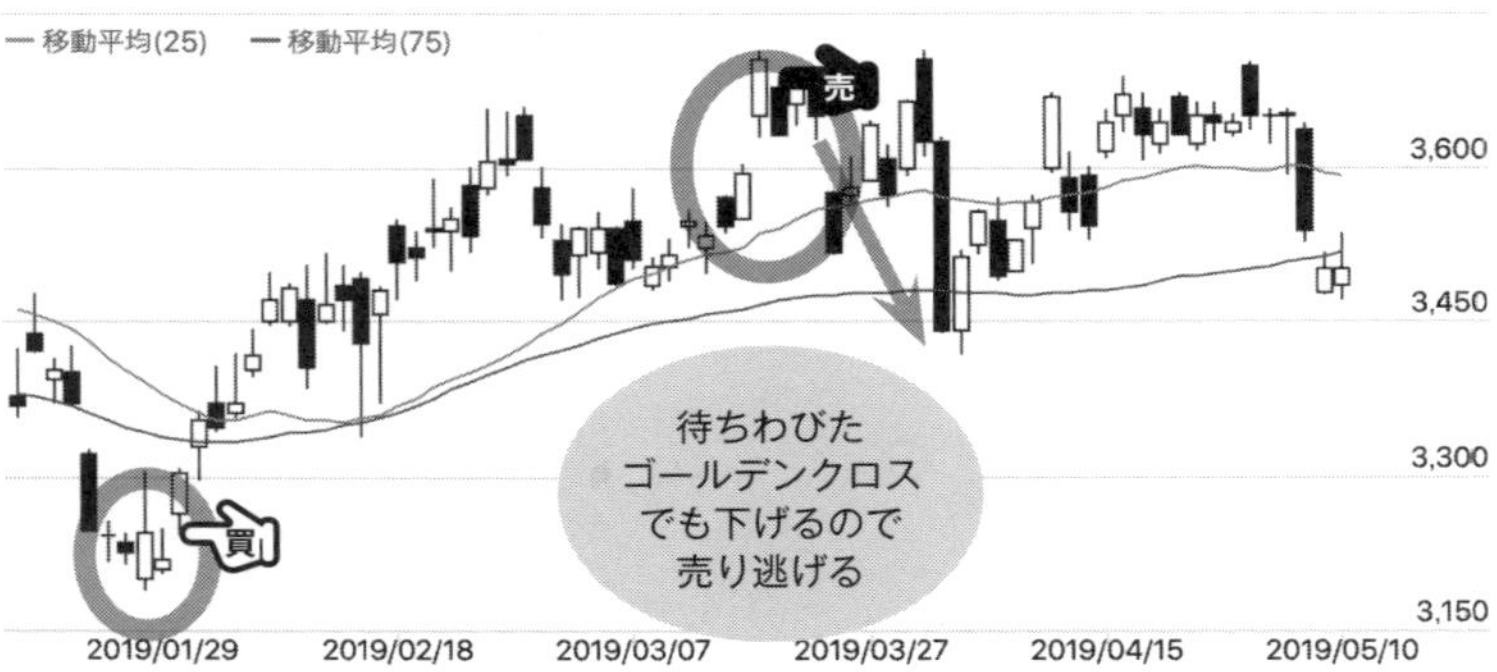

「みんなの株式」https://minkabu.jp

鬼100則 44

ネックライン抜けを逃すな

株価が上に行くのか、それとも下なのか。

これをテクニカルで的確に判断できれば、株式投資で利益を取るチャンスは格段に多くなるはずである。

その判断のシグナルのひとつが「**ネックライン抜け**」というものだ。

これには、様々な形があるが、何回も上値に挑戦しつつも一定の上値に抑えられてきてた株価が、ある時、強烈に上に抜けると見られる。

これは売りに対して明確に買いが上回り、需給関係では買い有利となり、上げ転換となったことを示す。

長いもみ合いの後の上げは、簡単には崩れないのが、一般的である。

しつこく売りをしていた筋や弱気の利益確定の人の「売り玉」が途絶え、買いが勝って

いて、誰もが「買い有利」と判断するので、株価の上昇の勢いが増していくというわけだ。

例えば、京阪神ビルディングは約1か月の間、９００円から９３０円の間で攻防が繰り広げられてきた後に、一気に１１００円近くまで駆け上がった。

ただし、この勢いが無限に続くかは疑問だ。

適度な利益で手仕舞いをしなければ、**強烈な売り仕掛けが出てくる可能性**があるので、注意が必要と言える。

持ち合い抜けの株価の勢いを活用して、うまく利益を上乗せできた時点でトレードは完了が賢明である。

次の局面では違ったトレンド形成の可能性があるので、用心しなければならない。

８８１８　京阪神ビルディング

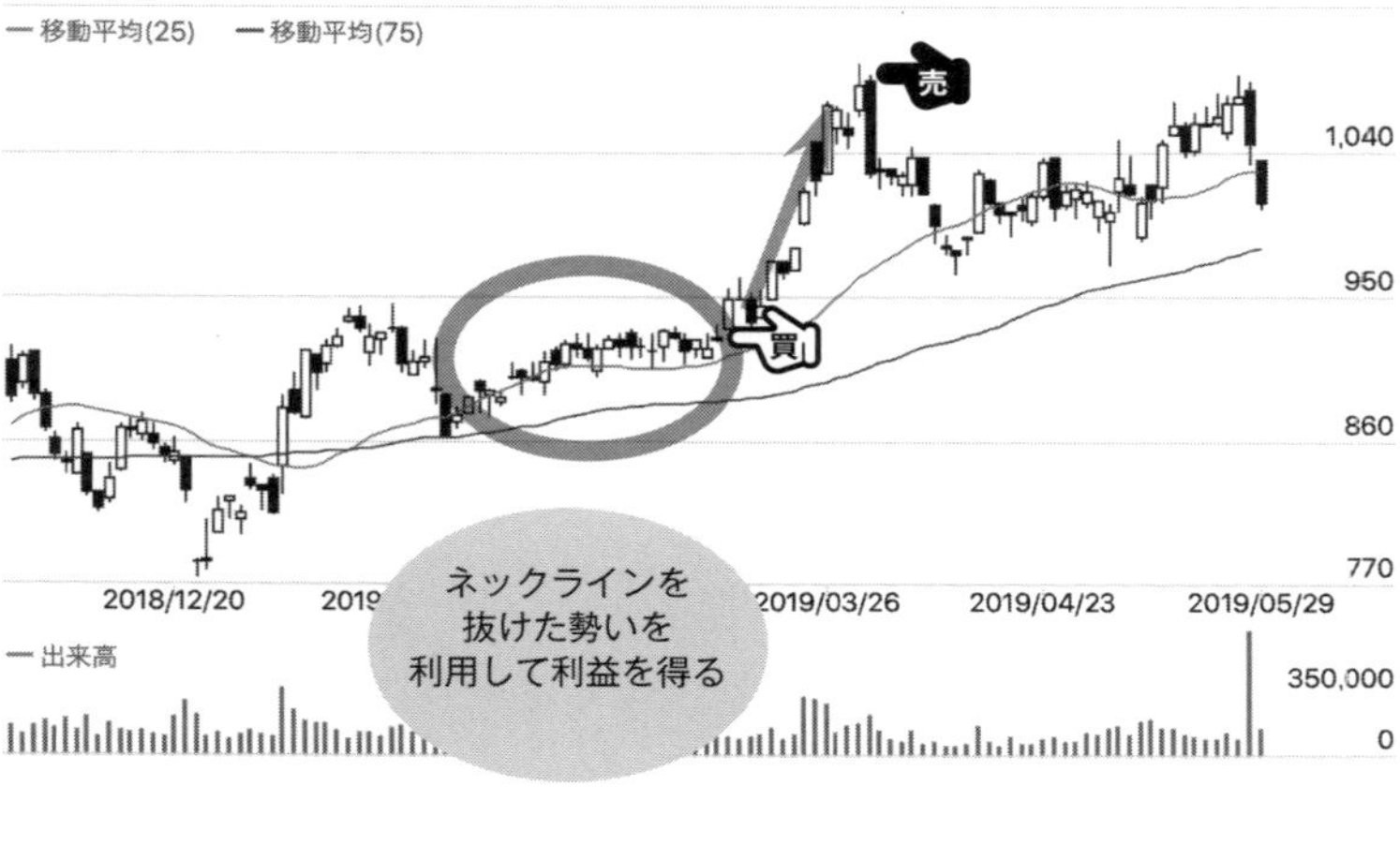

「みんなの株式」https://minkabu.jp

鬼100則 45

ダブル底を確認して打って出よ

株価の下落の後の「底値確認」のチャートには、様々なものがあるが、一番容易なのは、「**ダブル底**」だ。トリプル底もあるが、確率からすればダブル底、すなわち、**下値での二度の底値確認からの反発**のシグナルが手堅い。

これは日経225平均の「二番底確認」でも活用されていることもあるし、個別の銘柄の動きでも、「ダブル底からの反発」が買いシグナルとして活用される。

皆がそう考えている時は、**「ダブル底は買う」行動が出やすいので、それに乗る**のが賢明と言える。

ディフェンシブ関連であり、インバウンド関連で人気の資生堂の日足を見て欲しい。長期のだらだら下げの後に、6000円近辺で二度の底値を付けた後に、株価は陽線続きの強烈な上げを見せている。

この背景には、この銘柄特有の「売り残の増加」「信用倍率の好転」がある。

６０００円で底を付けて、７０００円台回復となれば、流石に上げの加速も緩やかになるが、ダブル底のシグナルをうまく活用した人には、たまらない含み益のご褒美があるだろう。

似たような底値の付け方をする銘柄はいくらでもある。

「底値買い、吹き値売り」を目指す人は大いに活用して欲しいシグナルである。しかもたまにしか出ないわけではなく、極めてポピュラーだ。

このようなチャートをできるだけ利用して、利益を得ることが、株式投資での成功の法則である。

4911　資生堂

「みんなの株式」https://minkabu.jp

鬼100則 46

75日の移動平均線は乖離を見ろ

株価チャートの要素には、日々の動きを示すローソク足の他に、「**移動平均線**」がある。

これは、5日線であれば、5日間の平均をつなげていき、25日は25日の期間の平均を、さらに、75日は75日間の平均値をつなげるものだ。

チャート上で繰り広げられるローソク足と移動平均線の関係で様々な形が出現し、それを株価動向を読むシグナルととらえて、投資家たちが動く。

さて5日線と25日線は割合にポピュラーだが、75日線については、いまいち、その正しい使い方をわかっていない人が多い。

75日線は、言うなれば3か月間の株価の動きをとらえた、**割に中期の株価の動き**だ。

この移動平均線が上向きであれば、株価のトレンドは上げ。もし、株価がこの移動平均線を上に突き抜けた時は、強い上げのシグナルとなる。

逆にトレンドが上の中で、株価が下を向いた時は「一時的な押し目」と見ることができる。

株価は上下しながら、移動平均線との関係で、上に下に乖離しながら、動いていく。

75日移動平均線が上がっているのに対して、株価が下に向いて乖離した時は、「押し目」と判断して買い、反発した時は、揺り戻しの買いが入ったと判断して、そのタイミングで利益確定するのが賢明だ。

5日線や25日線では、明確な乖離状況はわからないが、75日移動平均線ならば、傾向がつかみやすいので、このテクニカルの読み方で大勢に逆らわない株価の位置を読むことができる。

ただ、デイトレなど短期の取引には向かず、ある程度、中期の投資向きにはなる。

我々個人投資家は、中期でテクニカルを読んで、じっくり勝負するほうが、勝率は上がるだろう。

6702　富士通

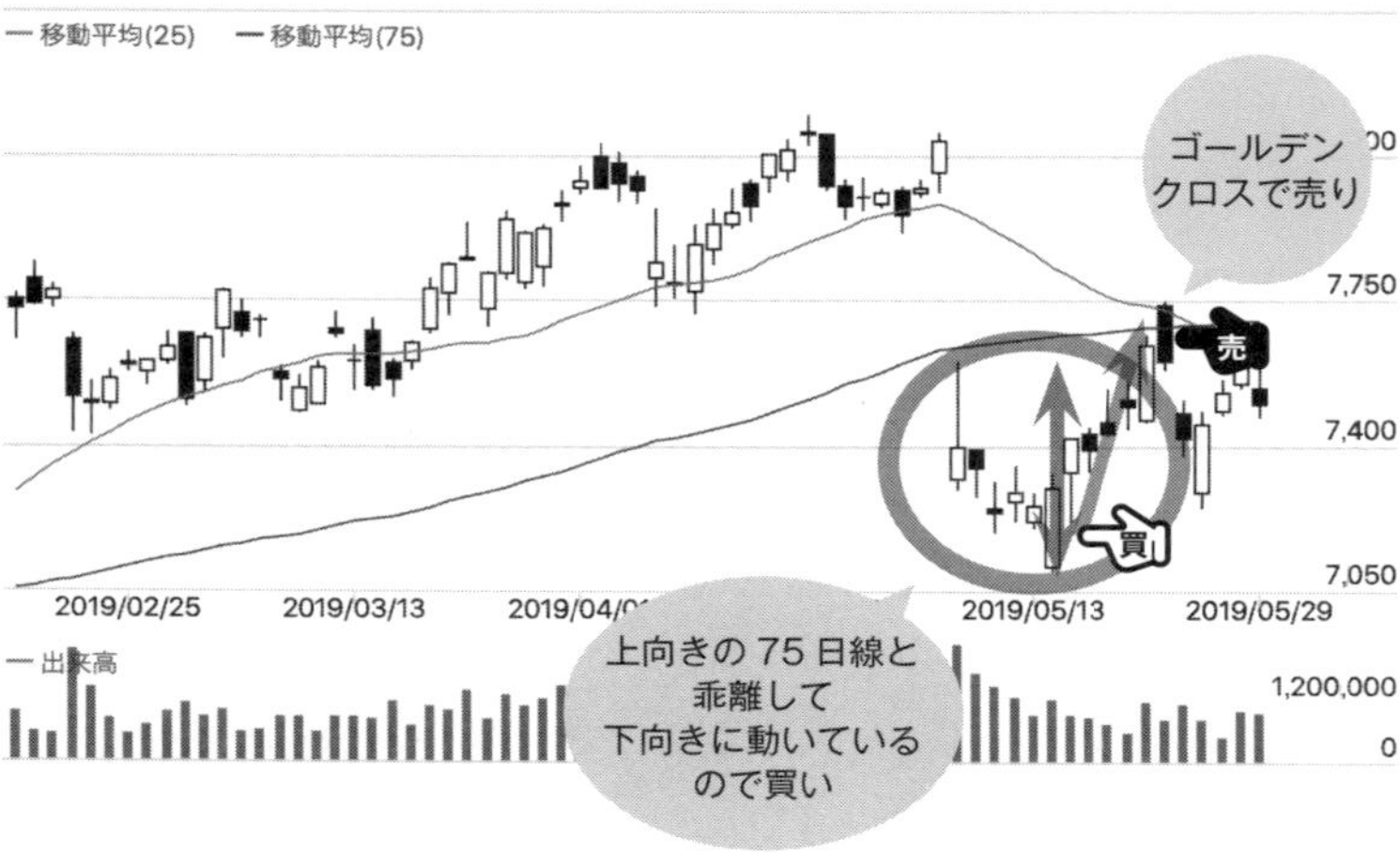

「みんなの株式」https://minkabu.jp

鬼100則 47

上ヒゲが出たら深追い禁物

株価が上げた時に、最大の利益を得るために大切なのは、**「上げの限界」をしっかりと読む**ことだ。

当たり前だが、無限に上げる株価、銘柄はない。

やがて来るべき「利益確定」のタイミングを逃さず最大利益を確定させることが株で儲ける絶対的なテクニックである。

せっかく手持ちの銘柄が上げてきて含み益を得たにもかかわらず、先が読めず高望みをしていれば、やがては利益確定が先行して株価は下向き、売り場を失ってしまう。

負け惜しみに「また、戻すだろう」。そんなに株の世界は甘くはない。

下げ始めた株価は、我先の利益確定に押されて、含み益がなくなるどころか、マイナスに沈んでしまうのだ。そこで損切りするのは下策だ。

上値のシグナルをしっかりと読めれば、失敗は激減する。

そのひとつが「**長い上ヒゲ**」。

長く上に伸びたヒゲは、上げたものの上値では利益確定の圧力が強く、押し戻されたことを示す。ザラ場で、一時的な値が付いたに過ぎない。

いわゆる、**上値限界を暗示**している。

この「上ヒゲ」が出たら、欲張らずに素早く利益確定の注文を出し、**利益の大小に関わらずいったん手仕舞う**ことだ。

株価はすべて、需給関係で決まる。

買いが多い時は、株価は勢い良く上に伸びていく。それが緩慢になれば、上値には売りが待ち構えている。上値では買いは少なく、様子見や利益確定が多くなる。この動きが出た時は、いったん手放すのが賢明というわけだ。

5440　共栄製鋼

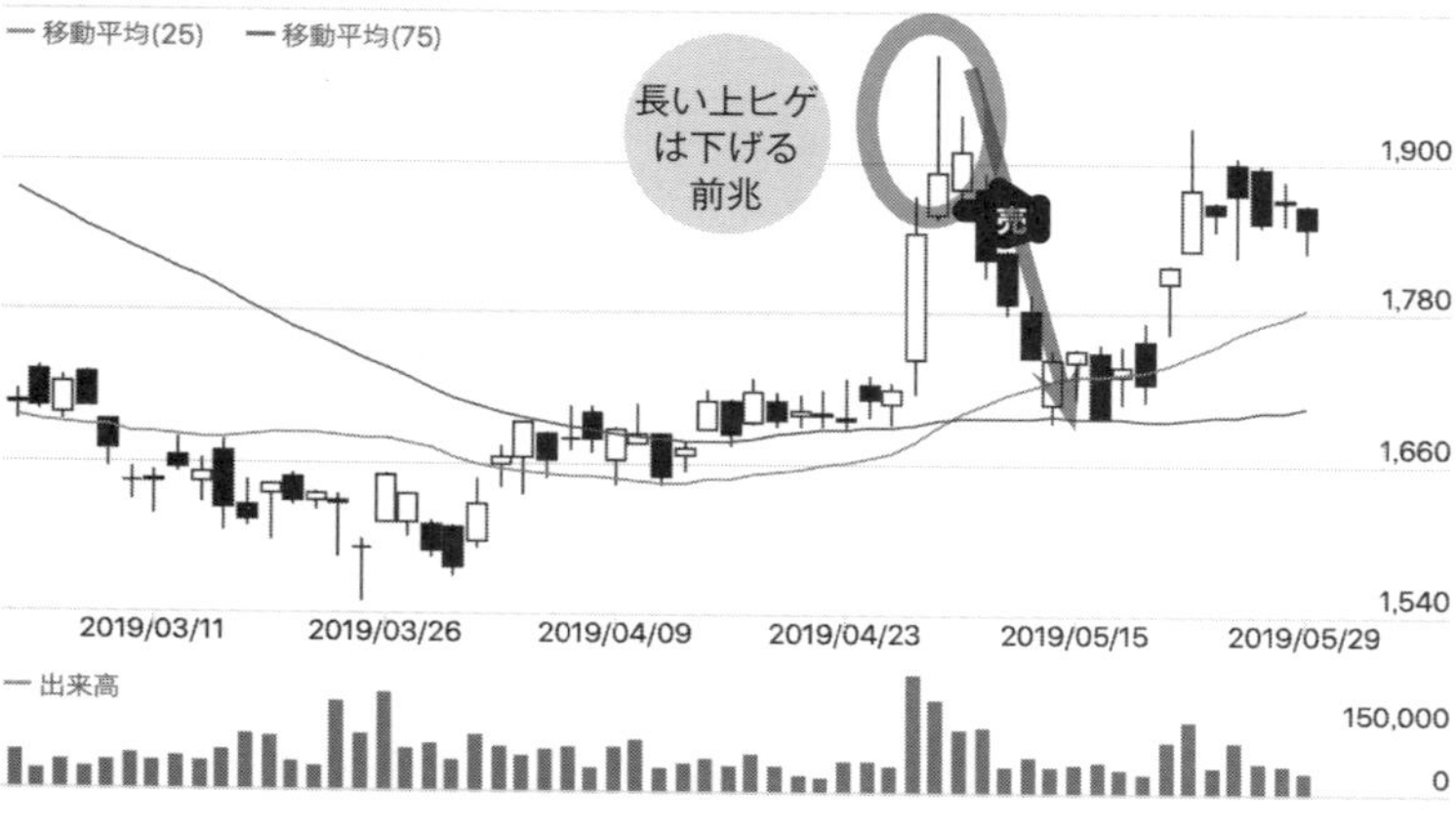

「みんなの株式」https://minkabu.jp

鬼100則 48

高値の大陰線は逃げるが勝ち

理由の有無に関わらず、相場にはある日突然、異変がやってくる。猛然と上がっていたのに、「利益確定」の嵐で、急落する。「まだまだ上がる」と考えていたのに、いきなりの「大陰線」。多くの人がこの痛い目に遭っているはずだ。

「上値での大陰線」。これは間違いなく、天井のシグナルである。

問答無用の売り優勢の動きを示す。

賢い人は「すぐに売る」という行動が必要だ。

株価はある日、突然に崩れる。

心躍る急騰がある代わりに、急落も当たり前にあるのだ。

なぜなら、これまで買っていた人も、「売り時」を考えながら、保有しているからである。

さらに、すでに述べた「決算売り」もある。それぞれの事情を有して投資しているので、絶好調の時に「ガラ」といわれる値崩れがある。

相場の世界は、流れが一気に変わるのだ。


株取引を、道路の渡り方にたとえる話がある。青信号では、人が渡り始めるのを一拍遅れて渡り、渡り終えるのは、他人より早く。それが一番安全だというわけだ。

周りの様子を見ながら、賢く立ち回る。株の世界でも「生き方」が問われる。

最悪の時は、利益が出なくても、損が出ても、突然の異変時には「素早く逃げる」行動が必要だ。そうでないと、生き残れない。

ずる賢くあれ。

「みんなの株式」https://minkabu.jp

鬼100則 49

陰線続きの後のチャンスを逃すな

倒産しない限り、株は上げたり下げたりで上値下値の往復と言える。

ただ、総じて右肩上がりなのか、往来相場なのか、右肩下がりか、見極めが大切である。

基本的には、上げ相場の銘柄の中から買う銘柄を選ぶのが理想だ。上げている途中での押し目ならば、多少間違っても損にはならない。持ち合いであっても、押し目ならば、吹き上げの時のチャンスはある。

NEC（6701）の株価を見ると、基調は右肩上がりである。しかし、株価の振れは結構大きく、今はやりの通信インフラの銘柄にしては、強弱感が対立している。

ただ、時々大きな押し目があるから、それなりに「仕込みのチャンス」が多い。

この銘柄の動きの特徴は、突然上げては、その後にだらだら下げて、陰線が7本から10本出ると、急に窓を開けて急騰する。

通信インフラの材料と、来季減配含みという強弱の材料が対立しているためと考えられ

るが、信用倍率も強弱感が対立して1倍以下となる「好取組」で、この手の銘柄は仕掛けやすい。

この銘柄では、**上値を追わないで、大きな陰線が現れて、下押しが見られた時に買う**のが、最適だ。下値では、信用の売りの買戻しがあるので、よほどのアクシデントでもない限り、株価の大暴落はないと予測できる。

似たような銘柄はいくらでもある。強弱感の対立から、**株価の振幅の大きい銘柄を狙い、「下げたら買い、吹いたら売り」を繰り返すと、良い成果が得られる**に違いない。

ただ「この銘柄が好きだ」と言っても、売買のタイミングが悪いと、利益が膨らむどころか、損切りの憂き目に遭うので、用心が大切である。

6701　NEC

「みんなの株式」https://minkabu.jp

鬼100則 50

安値惚れは金を失う

癖の悪い銘柄というのもある。

ここではソニー（6758）の週足を参考にしてみよう。

世界的な知名度抜群で、業績の好転が伝えられているのに、大半の銘柄が右肩上がりを買う相場の中で、ソニーのトレンドは下向きで、安値更新が目立つ。

業績が良いと言われているだけに、この銘柄を持つ人はあまり、嬉しくはないだろう。

週足や月足を見る限りでは「そろそろかな」という気がしないわけではないが、実は「人気があり過ぎる」というのが負担になっている。

ガイジンの持ち株比率の高い東京市場の中で、そのガイジンに人気のあるソニー。

信用倍率を見ると、極めて「**買い長**」。言うならば、「重過ぎる取り組み」である。

買いが多いというのは、「**先高期待**」**が大きい**ということだが、それにしては、株価が冴えない。

そのために、信用の買い手は利益確定のチャンスが少なく、反対売買の期限が来ても、利益確定どころか、「損切り」を余儀なくされるのである。

いかに人気があり、暴落の心配がないとはいえ、買っても上げないどころか、ジワリと下げるこの手の銘柄には、手を出さないほうが得策だ。

この本を書いている最中にソニーの株価は「自社株買い」などの材料が出て急上昇したが、これで喜ぶのは早いというのが私の見立てだ。

6758　ソニー

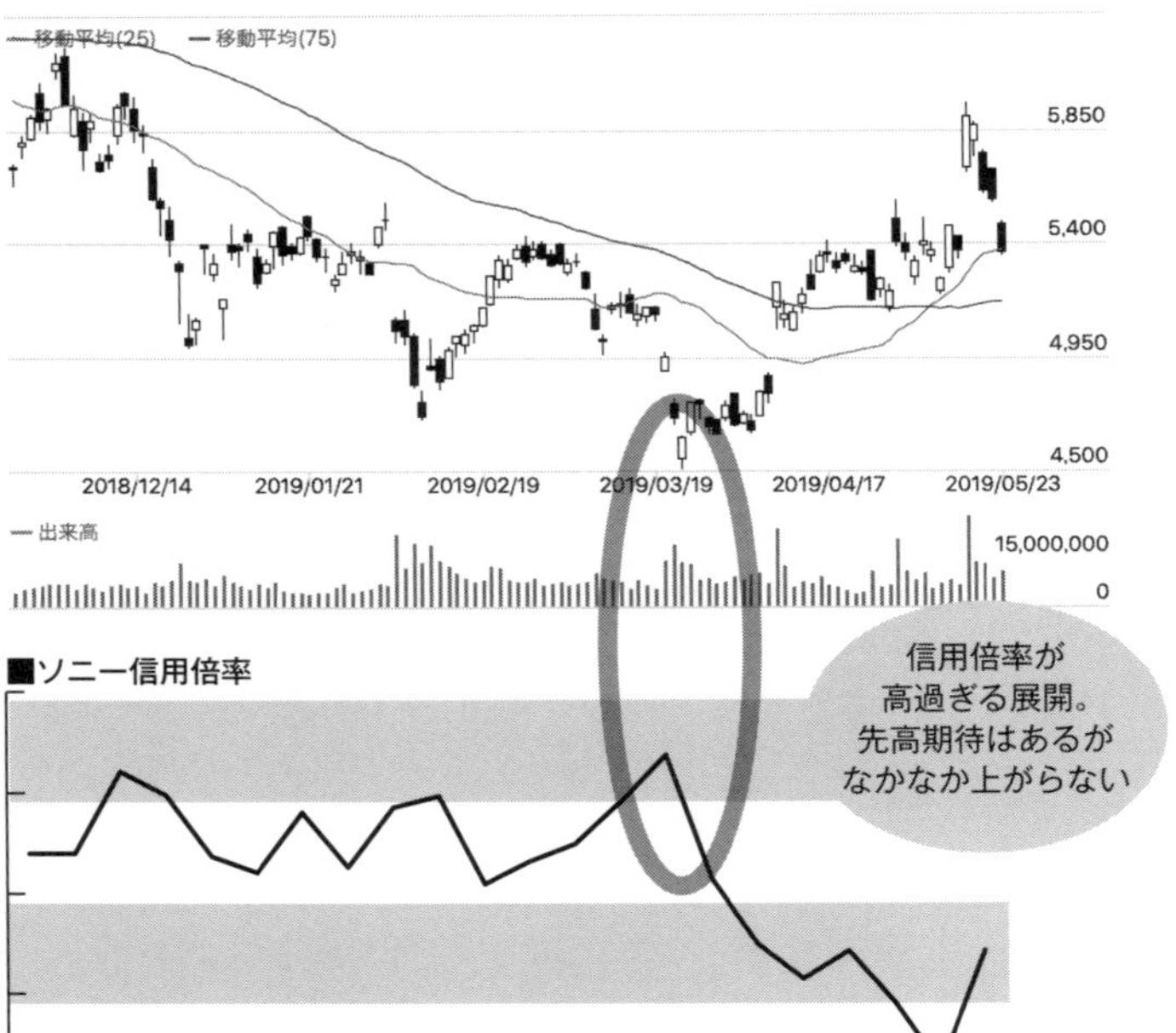

「みんなの株式」https://minkabu.jp

鬼100則 51

上げの翌日は様子見だ

銘柄の選び方によっては「イライラ」が募る場合があるので、要注意だ。

例えば東京建物（８８０４）の日足を見ると、典型的なイライラの動きである。１３００円付近での長期の持ち合いがあり、小幅のトレードも考えられるが、うっかり飛びつき買いをすると、いくら待っても「含み益」にならない。

陰線と陽線が交互に出て、しかも、株価水準は横ばい。

よほど注意して仕込まないと、利益確定ができない。

「陰線と陽線が横ばいで交じる」。この手のチャートの銘柄は、押したら買い、吹いたら売る、このサイクルを使わないとうまくいかない。

逆は絶対ダメである。

うっかり、「吹き値で買う」過ちをやってしまうと、どうにも動きがとれなくなるからだ。

トレンドが横ばいの銘柄には、本来手を出すべきではない。買うタイミングは、明らか

に押し目が明確になった時、かつ業績が好転することが大前提である。

上げの勢いに悪乗りすると、失敗する。

上げの翌日は下げかもしれない。

この懸念を常に持ち、絶対に高値は追いかけない。あくまでも「押し目」で買う。

出来高が増えて株価が上げていくと、つい飛び乗りたくなるが、その欲を封印する。

この姿勢が株で勝つための鉄則である。

他人と同じ行動をしても、株の世界では、成功率が極めて低い。

「買いたい……」こう思う時は、ひと呼吸し、冷静になることだ。後で涙しないために。

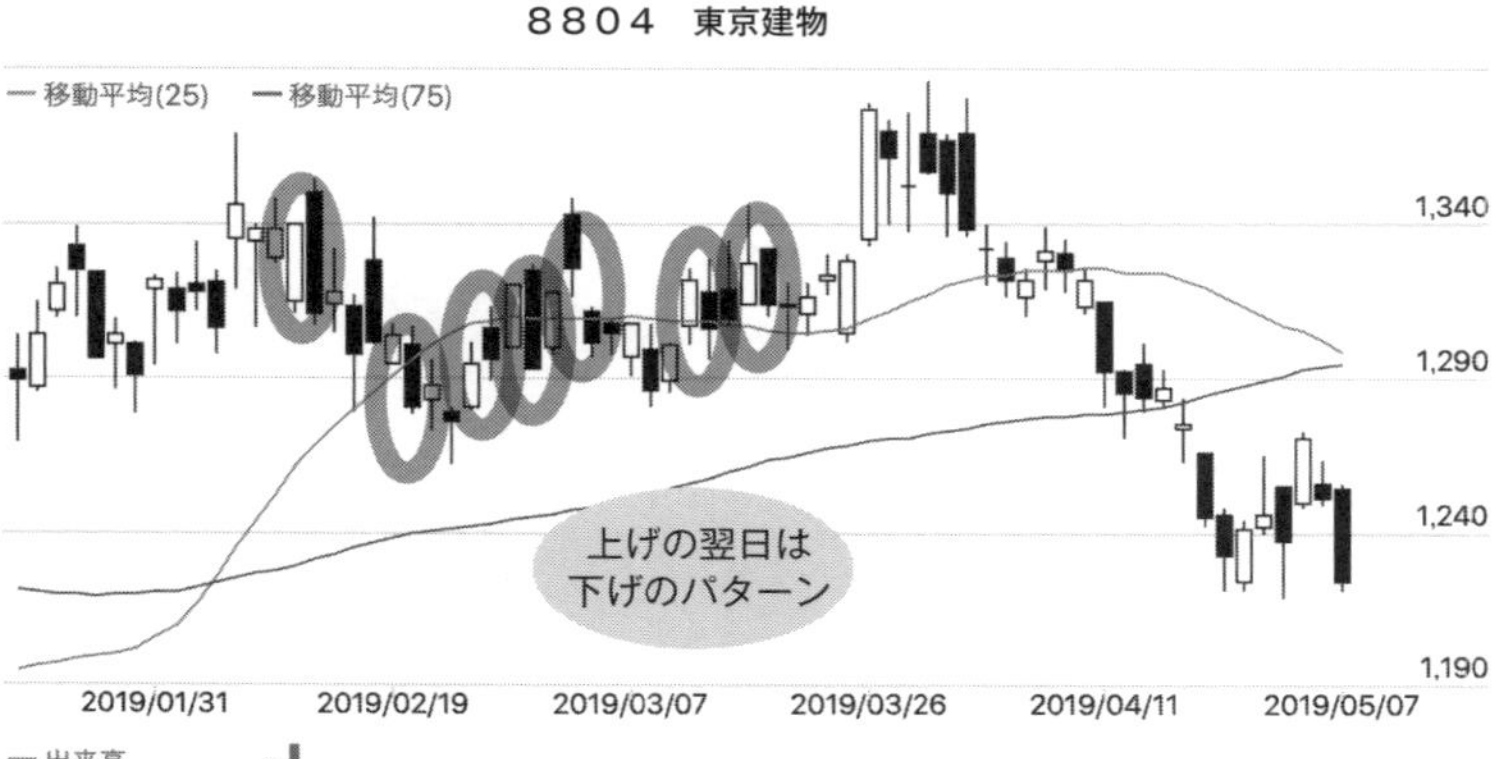

「みんなの株式」https://minkabu.jp

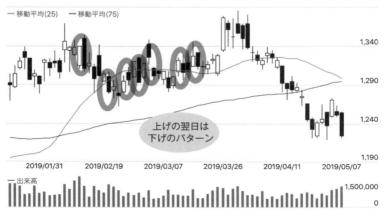

鬼100則 52

チャートは必ず日足、週足で見る

すでに述べたが、横ばいか右肩上がりの移動平均線に対して、下に位置した株価が勢い良く上に突き抜けた時の「ゴールデンクロス」は、株価に勢いがあることを示している。

しかし例えば、トヨタ（７２０３）の日足でゴールデンクロスを目にして、「買いシグナルだ」とばかりに買っても、その後の株価に勢いがなく、ここで購入した人には利益確定のチャンスはほとんどない。

なぜこうなるのか。

それは週足を見ると、明確になる。週足の中期的なトレンドが右肩下がりなのだ。日足で見ると、強く見える足も、実は弱々しい右肩下がりであり、買いのチャンスではなく、購入してはいけないことが読み取れる。

このように、**日足と週足双方を見ないと、トレンドは明確にならない**。

ゴールデンクロスならば、長期、短期双方がクロスしている銘柄を選ぶのだ。

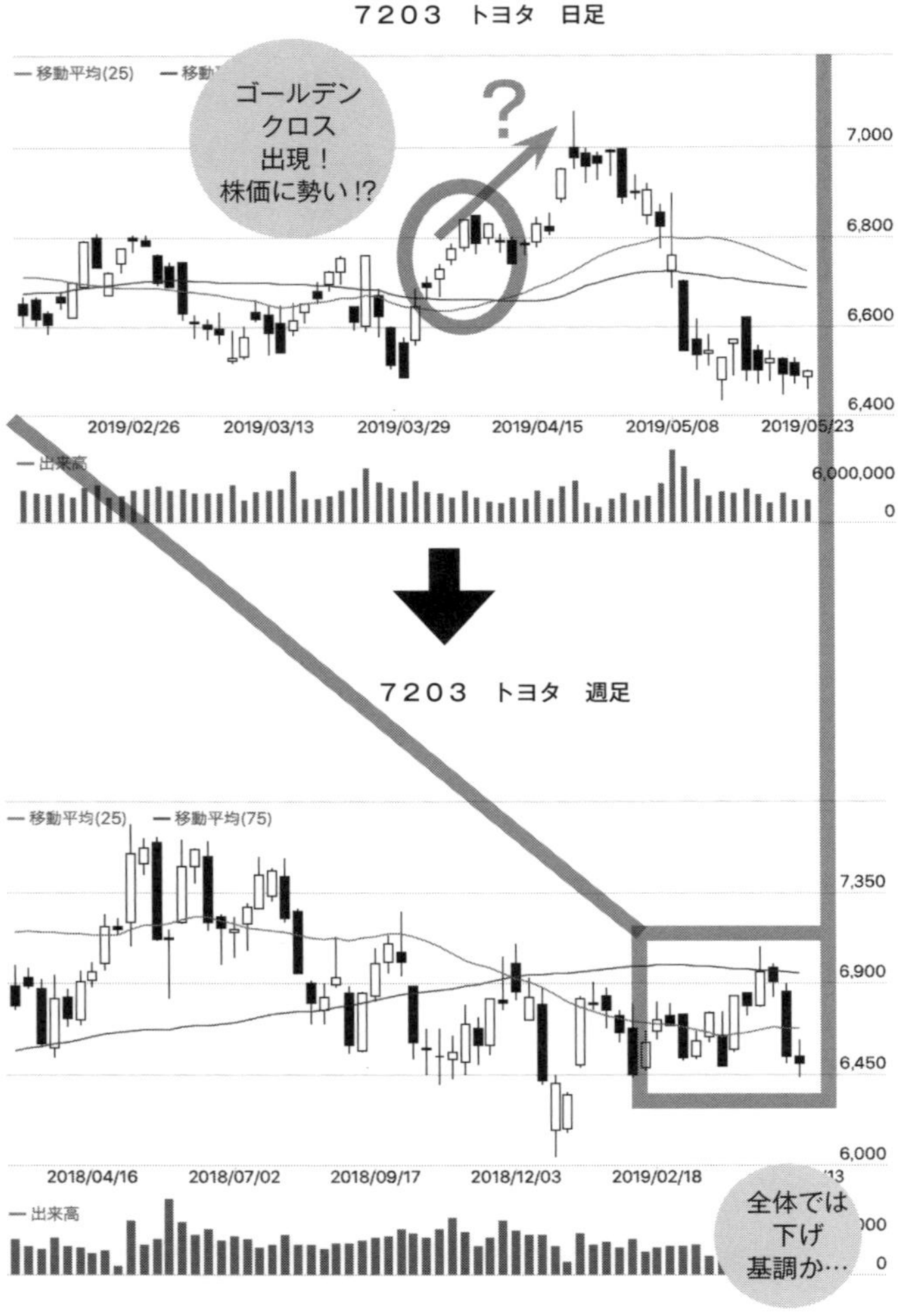
7203　トヨタ　日足
移動平均(25)
ゴールデン
クロス
出現！
株価に勢い!?
?
7,000
6,800
6,600
6,400
2019/02/26
2019/03/13
2019/03/29
2019/04/15
2019/05/08
2019/05/23
出来高
6,000,000
0
7203　トヨタ　週足
移動平均(25)
移動平均(75)
7,350
6,900
6,450
6,000
2018/04/16
2018/07/02
2018/09/17
2018/12/03
2019/02/18
出来高
0
全体では
下げ
基調か…

鬼100則 53

高値更新は相場終局と考えよ

株情報サイトではよく、「連日高値更新」などのニュースが飛び交う。これを見て、買っておけばよかったと口惜しく思うのが人の性だ。しかし、株価に無限はない。高値にはファンドなどの利益確定の売りが待っているからである。

例えば、ソフトバンクグループ（９９８４）の株価を見てみよう。週足を見ると明確だが、急激な上げの後に「上ヒゲ」が出て、その後は持ち合いになっている。利益確定の売りをこなさないと、売買のバランスが重いので、上には行けない。NY相場次第では、まだまだ上値はあるかもしれないが、高値で陰線や上ヒゲが出ているところを見ると「そろそろか」と判断をしなければならない。

株価の動きには、リズムがある。強烈に上げた後は、しばらく、売りをこなすための時

間が必要になる。

「まだ上がる」と勢いで買うのは、正気の沙汰ではない。

高値の利益確定のことを考えると、上値は知れているし、下げで「含み損」を持ってしまうほうが、可能性は高い。

高値更新銘柄は株価の位置がどこにあるのか。なぜ高値更新したのか。

まずはその確認をすることだ。

さしたる材料もなく上げているのであれば「もう、良い加減かな」と判断ができる。

たとえ、さらなる高値があったとしても、もっと安全で、上値の可能性のある銘柄がいくらでもある。高値更新銘柄に乗っからないことだ。

9984　ソフトバンクグループ　週足

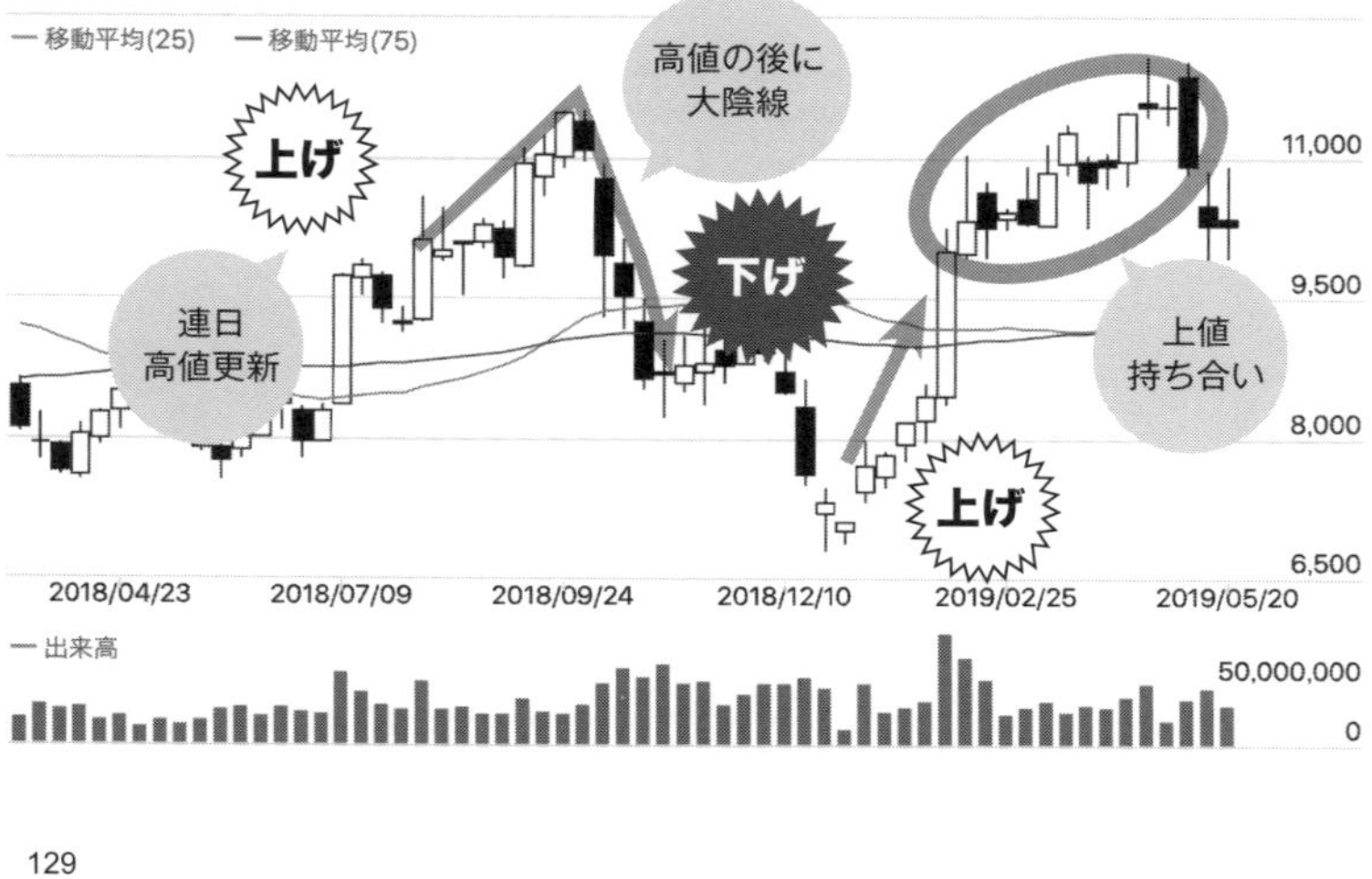

「みんなの株式」https://minkabu.jp

鬼100則 54

予測不能のテクニカルの動きを見分ける

株式市場は、突然「これはおかしい」という動きをする。

経験則やチャート、テクニカルから見たら、あり得ない動きになることがある。

しかし、テクニカルはあくまでも過去の経験則から先を予測するもので、言わば「天気予報」みたいなものだ。

当たるかもしれないが、外れることもある。

そう割り切らないと、とんだ失敗をする。

私が得意とした銘柄に日本ライフライン（７５７５）がある。

この銘柄は、心臓の手術に使われるカテーテルなどを納めている医療関係の商社で製造も手掛けていて、業績は極めて好調だった。

私自身、長年苦しんだ「心房細動」を大学病院のカテーテルアブレーションの治療で完

壁までに直したので、ことのほか、知識もあった。

その関係の銘柄なので、買っては売り、の階段上りで、たくさんの利益を積み上げた。

業績も良く、担当医に聞いた「良い会社だ」とのコメントでますます自信を持っていた。

ところが、ある日から、高値では突然売られる株価の動きになってきた。

「これはおかしい」

業績も良く、先行き有望な銘柄が売られる。

そうだ。売られるということは、大口の考え方が変わったに違いない。

右肩上がりトレンドの異変である。

それを受け入れて、それ以上の株価上昇に期待しないことが賢明と考えた。


先行き復活するにしても、当面の株価は頭を付けたので、押し目からの復活のチャンスを見るしかない。

テクニカルを覆すのは、需給のバランスの崩れからである。

予測不能とは言っても、株価にあらかじめ決められた予定はない。すべては需給。「**相場は相場に聞く**」ことにしている。

第5章

数字の鬼六則

誰もが株式市場を理解する知力を持っている。小学校5年生までの算数をやり遂げていれば、あなたにも絶対できる。自分の知っているものに投資することだ。

ピーター・リンチ

やる気も能力もある『傑出した企業』が、トラブルに見舞われたり、経営が悪化したところが買い場である。

フィリップ・フィッシャー

鬼100則 55

企業業績は変化率にこそ注目すべし

株価に影響する企業の業績動向を考える時に、最も注目すべきは、「安定成長」ではなく、**「伸び率」**である。

前年度比で5％の伸びの企業が良いか、10％か、100％か、と考えれば、それは100％の企業が株価上昇の可能性は高いだろう。

ただし過去の業績は織り込み済みなので、来期の業績動向で株価は動く。あくまでも、未来志向なのが、株価の動きだ。

大きなお金を動かす機関投資家、すなわちファンドや年金資金などは、安定的に利益を出し、配当もそこそこ出している企業に分散投資をして、前年度比プラスの運用を狙う。そのために、業績予想の良い銘柄には、重点的にお金をつぎ込む。

しかし、少ない資金で運用する個人投資家が狙うのは、このような「安定成長」ではない。変化率である。

その変化率はどこで調べるか。

四季報やネット情報である程度はわかるが、できれば、その企業の現場に行くのが望ましい。

お店であれば、そのお店に行ってみる。

サービスならば、受けてみてサービスの質や顧客対応、そのサービスの需要を調べる。

製品であれば、販売店に行って現物を見る。この努力が株式投資の成果につながる。

かつて、ユニクロの創業期に、お店の前に長蛇の列ができたのを見て、この銘柄ファーストリテイリングを１万円弱で買った人が多かった。

確かに、「安かろう悪かろう」の評判も一部にはあり、実際そうした面もあったが、創業社長のブランド戦略と機能性やファッション、広告効果で、株価はうなぎ上り。

昨今では６万円の水準を維持している。

投資の対象になる会社は現場を見る、現物を見る。これで、業績のトレンドが会社やネットで紹介される前にわかるはずだ。

これくらいの努力は大切なお金をつぎ込むのだから、当たり前である。

株で儲けさせてくれる投資対象の情報は、現場にあることを知っておこう。

鬼100則 56

赤字決算を甘く見るな

株価と企業の決算との関係でいえば、黒字の会社が好まれ、赤字の会社は避けられる。黒字の幅は大きければ大きいほうが良い。

これが常識的な考えかもしれない。

にもかかわらず、赤字決算で株価が上がるという事象が多く見られる。

これは非常に、重要なことである。

なぜなのか。

前に、好決算でも、市場の予想を下回れば、株価が下がると述べた。

これは、好決算の予想で株価が十分に上がってしまい、予想を下回ることで、「悪材料」となり、売られたのである。

これと反対に、「大赤字予想」で低迷していた銘柄が「それほど赤字幅が大きくなかった」という情報で、大赤字予想で売られた分の買戻しが入ったために、株価が上がる。

赤字なのに、赤字幅が予想を下回ると「好材料」になるのだ。

株価は比較の問題で動くのである。

赤字幅が少ないというのは、それだけ企業が努力したか、経営の環境が好転したかのどちらかである。赤字という範囲ではあるが、市場は「好ましい」と判断し、買われるわけだ。

赤字か、黒字か。

そのような絶対的な数字で株価が動くわけではなく、**比較で動く**という株価の習性があるのだ。

下のチャートは日本通信で、４期連続の赤字決算だった。ただ、赤字幅は減少。それを材料にした仕手筋の仕掛けが入った模様だ。

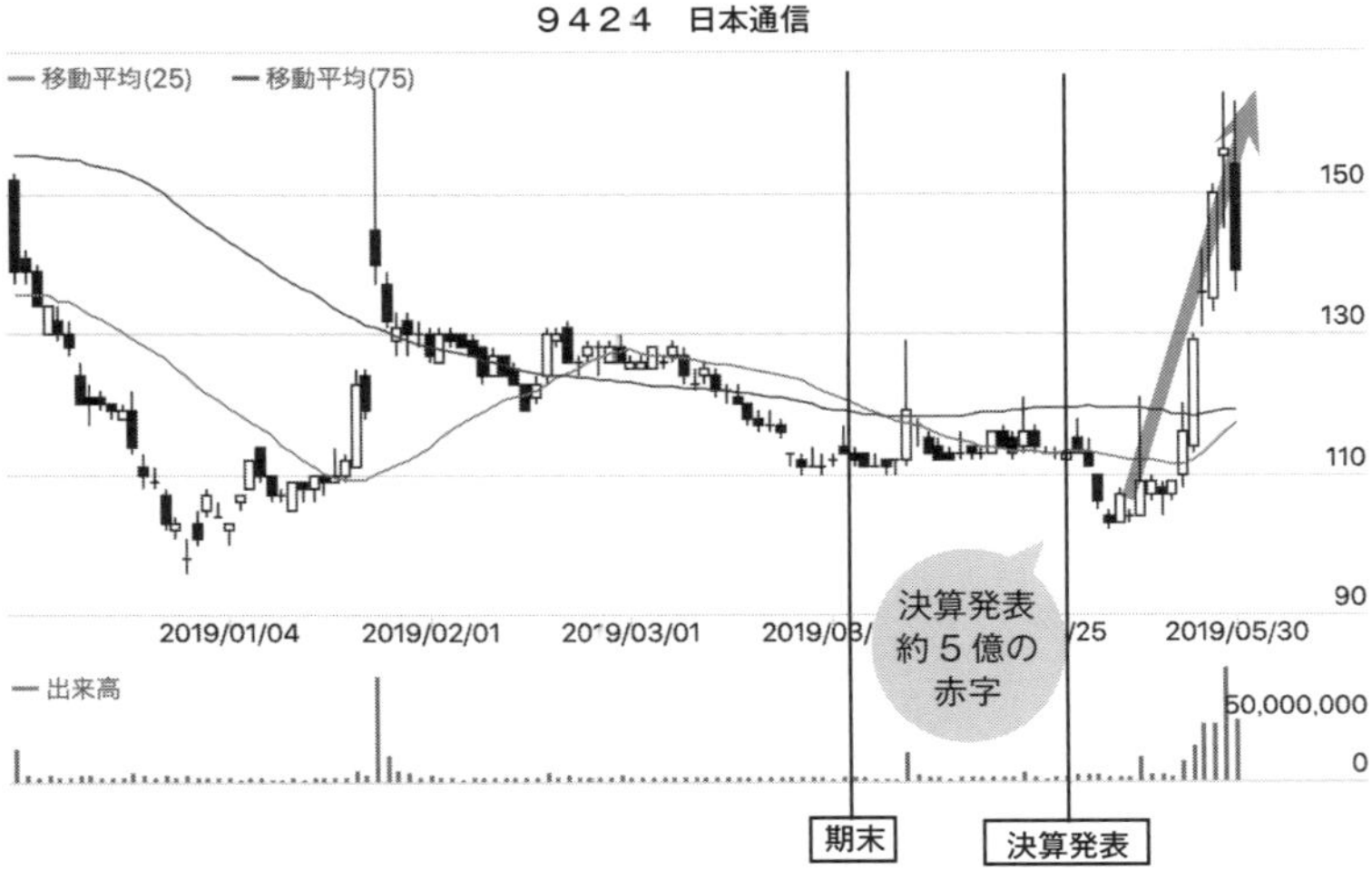

「みんなの株式」https://minkabu.jp

鬼100則 57

決算短信は行間を読め

株価は企業の決算で大きく動きやすい。大半の企業は3月が多い（そうでないところもあるので、注意したい）。

ところで、3月に本決算をする企業は、3月に〆てすぐに発表するわけではない。「有価証券報告書」という形で発表されるのは、3か月後の6月が主になる。

そこで、証券取引所がそれぞれの上場企業に対して、「**決算短信**」の作成を要請して、これが四半期ごとに取引所やメディアに発表されている。

決算〆日から1か月半後に発表されるこの内容で株価が大きく動くことに注意したい。

内容は、上場会社の貸借対照表、損益計算書をはじめとした決算情報である。

事業が順調にいき、利益が予想通りに上がっているかが最大の関心事になるので、この数値が予想を外さないかどうか、注目が集まる。

ただ、この**短信が発表されてから動くのは賢明ではない**。専門家は事前に様々な方法を

駆使して、情報を集めているので、株価はすでに「織り込み済み」で動いている。内容は発表されないと確かなものはわからないが、日足を見ていると、情報が漏れたかのような動きになっていることがほとんどなのだ。インサイダーまがいが常態化しているのが、株式市場である。

良い決算内容が予想される企業の株価は、だいぶ前から右肩上がりになり、決算発表と同時に「材料出尽くし」になる可能性が多い。決算のニュースで投資候補として初めてあげた人は、これまでのチャートの動きをしっかり見よう。

決算短信はその内容はもちろん重要だが、**先行きの見通しが明るいかどうか**を見なければならない。

相当良いものであっても、先に「伸びしろ」がなければ、株価は伸びない。

それを判断するためには、注目の企業の内容はもちろん、その**業界の置かれた環境**についても知ることが大切だ。

そのうえで決算数字を見なければ、単なる数値の増減の比較にとどまり、「深読み」ができない。

プロはそれをやっているので、やらない個人投資家との差は歴然となる。

鬼100則 58

海外展開のためのインバウンド効果を見ろ

いま、我が国の人口は減少し、消費も先細り。そのために、企業は海外展開でそれを補っている。

その方法だが、見逃せないのが「ＳＮＳ」を通じたインバウンドの呼び込みで、東南アジアなど**海外からのお客を国内に呼び込み、さらには、そのお客を地元でのネット販売につなげて、継続的に事業拡大**することだ。

資生堂やファンケル、花王などは、その方法でブランドを広めて、中国やアジアからの旅行客への帰国後にネットを通じた販売で業績を伸ばしている。

いまのところ、２０２０年を目指した展開が注目されているが、アジアなど世界からの日本へのインバウンドは、これにとどまらず、大都市から地方へと日本の魅力の広報展開でさらに増えるものと思われる。

日本観光庁の目標では、２０３０年には訪日外国人は６０００万人になるようだ。東京オリンピック開催時が４０００万人だから、それに加わること２０００万人の増加となる。

オリンピック後も大阪万博をはじめとして、様々なイベントが計画されており、この予想は大幅には外れないだろう。

さらに、インバウンドの大半を占める中国に加えて、インドネシア、マレーシアの経済成長が著しく、今後の増加が期待できる。

国内が行き詰まれば、人口が格段に多い、アジアやアフリカに活路を見出す日本企業の頑張りは、そのまま株価に反応するので、見逃せない。

４９２１　ファンケル

「みんなの株式」https://minkabu.jp

鬼100則

配当利回りで判断するな

「株式投資で配当生活」などという言葉が出回る。

確かに、定期預金を１００万円預けても、年に１００円程度しか利息が付かない昨今、配当利回りが５％を超えるとなれば、これは嬉しい悲鳴である。

配当利回り27％、12％などという銘柄も本書執筆時点でもある。

しかし、それに乗るのは早計だ。

その銘柄は「儲かって配当をガンガンする」わけではなく、株価が暴落して前期の配当に対して利回りが上がっただけのこともあるからだ。

結果的に経営悪化で今期は無配になり、株価も下落して大やけどをするかもしれない。

その典型がレオパレス（８８４８）だ。

アパートの手抜き工事が大問題になり、入居者の移動が行われ、それが発覚する前の配当22円から、無配予想となってしまった。

いかに一時的な配当利回りが凄くても、計算されているのは、すでに行った配当を元にしたものであり、今後は明確にはわからない。

配当だけを見て投資すれば、肝心の株価が半値になったりしかねない。大切なのは、**株価が安定していて、利回りも相対的に高いこと**だ。

その点から言えば、東証１部銘柄が比較的安心である。

昭和シェル（５００２）、ＪＴ（２９１４）、長谷工（１８０８）、アサヒＨＤ（５８５７）、ＳＵＢＡＲＵ（７２７０）は、どれも利回りが６％前後であり、株価は底値近辺で安定している。悪い材料も結構あるが、倒産の可能性は低い。

このような銘柄の**下値を拾うのが、配当狙いの常道**であろう。

「高配当利回りランキング」は、今や各株式サイトにある。

安定企業の高利回りは探せば多いので、慎重に選びたい。タイミングを間違わなければ、魅力の銘柄はいくらでもある。

鬼100則 60

信用倍率の好取組に注目せよ

何度も述べているが、株価は絶対的な理論値ではなく、あくまでも「需給関係」で決まることを忘れてはいけない。

買う人がいて、売る人がいる。その株数が合って初めて「株価」が成立するのだ。

売る人に対して、買う人が断然多くいれば、株価は上がる。逆であれば下がる。

それぞれの銘柄に対する考え方は様々である。

株価が天井に感じられると、信用取引をしている人が「高過ぎる」とばかりに「売り建て」を行う。

それが増えると、株を借りて「売り建て」るわけだから、次第に現物の株は少なくなり、やがては「株不足」の状態になり、「貸株の利息」が付くようになる。

このように売りが多くなると、**信用の倍率は「1」を下回る**。「0・5」や「0・2」等。

これらの「1」以下の取り組みの銘柄が**「信用取り組みが良い」**と言われる。

こうなると、売っている人が多いので、「踏み上げ」狙いで株価を上げる輩が出てくる。

この上げで、信用で売り建てた人は無限大の含み損になるので、仕方なく「買戻し」を行う。そうすると、さらに株価は上がる。

人気銘柄の最後の壮大な上げはチャンスであり、売り時も難しい。信用の好取組は魅力だが、深追いは禁物である。

あまりにも株価が「すっとび高値」になれば、「売り有利」の状態になり、利益確定で売る人が増えるので、株価は下がる。

株価は買いと売りのバランスの上に成り立っている。「売り買い拮抗」の先を見るのが、面白い。

１３３２　日本水産

「みんなの株式」https://minkabu.jp

第6章

銘柄選択の鬼九則

クレヨンで説明できないアイデアには、決して投資するな。

ピーター・リンチ

値上がり株より商いの出来る株を買え

鬼100則 61

銘柄選択は絞って動く

東京証券取引所に上場している企業は現時点で3650を超えている。投資に当たって、プロのようにすべての銘柄に目を光らせるのは、困難である。仕事でやっているわけではないし、おのずと限界がある。

そこで、個人投資家が有利に戦うには、**「得意分野」「知ってる会社」「興味のある会社」に対象を絞る**ことを薦めたい。

こうした会社ならば、**20社くらいでも業績を追い、テクニカルの検証をスマホなどで適宜行うことができる**はずだ。

追跡のやり方は、自分の立場でよく知っている業界、テーマ、会社を第一にするのが良い。知っているだけで有利であり、詳しく業績の動向などもつかみやすいからだ。

私は建設、不動産、食品、電機、医療、自動車などに興味があり、詳しいのでその分野で勝負している。

主に得意分野の中で底値確認、押し目、売り時などが見えてくる。

このような習慣を持つことで「勝ち癖」がついてくる。

順調なトレードの習慣がつけば、失敗、損切りが少なくなり、投資効率が良くなり、運用資産が増えてくる。

それが20％でも、30％にでもなれば、資産は雪だるま式に増え、やがては倍々の資産増加につながるのだ。


「資産を1億にした」という人たちは、失敗しないやり方を守り、運用実績を上げて、雪だるま式に資産を増やしている。

ある人は、不人気の小型株を買い集めて四季報に載った。

ある程度増えれば、元金を省いても、運用資金は潤沢になるので、投資に余裕が出てくる。

この余裕が好循環となり、「勝てる投資のスタイル」が確立するのだ。

日ごろのトレードでは、まずは勝ち癖をつけることが大切だ。その習慣こそ、株で勝つための「１００則」の神髄である。

鬼100則 62

銘柄選択に優先順位を持つ

株にお金を投じて、リターンを期待するのは、「先行き上がる」「持ち直す」という確証がなければならない。

私は銘柄選び、買いに入るタイミングは、ひとつの方法ではなく、いくつかの考え方を持っている。

ひとつは、**時流に乗った右肩上がりの銘柄の押し目を狙う**方法だ。

これは業績が良く、材料があり、トレンドが右肩上がりである銘柄で、その押し目を狙うことにしている。

上げている最中に乗るのは、調整に遭遇し、逆に時間がかかるので、必ず、調整からの下げの後の反発を狙う。

もうひとつは、**人気の銘柄や優良銘柄が底値シグナルを見せた後に、長期狙い**で買うことだ。

これも時間がかかるが、さらなる下値で含み損を抱えるリスクがないので、精神的に苦しくない。

基本は、上げトレンドを狙うことだ。

しかも、必ず、押し目である。上値を追いかけることはしない。

ファンダメンタルズのＰＥＲ、ＰＢＲは、夢が買われる時代なので、あまり重視はしていない。

ＰＥＲでの割安を買うのは簡単だが、将来の事業環境が悪いか、頭打ちで安値放置されているものを買っても勝機はない。

東証一部は基本的に事業内容重視だが、さらに、テクニカルのタイミングを優先する。

新興市場は材料＋テクニカルで、第一はテクニカルでの押し目を買う。

新興は業績より材料なので、人気の銘柄のトレンドが押し目のタイミングを狙う。

これで、そんなに大きな失敗はない。

長年やっている投資であっても、リスキーな買い方はしないのだ。

鬼100則 63

買った株は下がると思え

「自分が買ったら下がった」という考え方にとらわれる投資家は決して少なくはない。

なぜそうなるのかと言えば、付和雷同的に勢いに任せて買いに出た結果だからだ。

株を買うには、それなりの判断の基準、言ってみれば投資の哲学がなければならない。

それがないと、次の売買の学びにつながらない。

本書では「飛びつき買い」を禁じているが、株のトレンドには、必ず上げ下げがあり、できることなら、**上げの途中の押し目を買いたい**ところである。

上げトレンドの押し目と認識しているならば、1日、2日の動きに惑わされてはならない。

トレンドが変わらなければ、待っていれば、下げに対して圧倒的な上げ局面があり、さして辛抱しなくても「含み益」の時がやってくるはずだ。

もし、「買うと下がる。それも長い間」というのであれば、あなたは日常的に「高値掴み」「天井買い」「いわれなき強気」という過ちを犯していることになる。

その投資スタンス、投資の癖は絶対に修正しなければならない。でないと「勝てる投資家」にはなりにくい。

「皆が買ったから買う」ではなくて、自分が買った理由を、理論的に言葉にできるだろうか。

それを見直すだけで、過ちは減る。

私が普段とっているのは「超不人気株」に注目して、下値に届いたところで手を出す手法。超不人気なだけに、情報がそこここから流れてくるようなことがない分、人の言葉に惑わされずに済む。

時間はかかるが、失敗は少ない。

「幽霊と相場は寂しいほうに出る」という有名な格言があるが、株を買う行動は孤独であり、人が動かない時に行動する毅然とした信念や裏付けが必要だ。

それができなければ、株式投資で期待する成果は出せまい。

鬼100則 64

円高を逆手にとってチャンスをつかむ

我が国の企業の事業スタイルは、資源が少ないので、海外に製品を輸出するか、海外に工場を作って稼ぐという方法が多い。

そのために、ドル決済の通商は、円高で手取りのお金が減るというマイナスの面が多い。

これが株価の上では、「円高デメリット」ですべて同類と見なされ、円高局面では、輸出関連企業が売られている。

しかし、最近の傾向では、**円高抵抗力をつけている**ところが多い。

確かに、円高になれば、表面上はその分だけマイナスだが、株価の下落は行き過ぎである。

ここに、輸出比率の多い銘柄をあげてみたが、それらすべてが業績が悪いわけではない。

例えば、輸出比率が100％の三井海洋開発（6269）は、海外で浮体式の原油生産

貯蔵設備を建設して、安定的な収益を上げている。ところが、円高が響き、ＰＥＲは10倍程度と割安に放置されている。

また、小型建機の竹内製作所（６４３２）は、輸出比率が97％と高く、円高では自動的に株価が下がる。

しかし、アメリカなどの住宅建設向けに輸出は伸びていて、業績も良く、増配を続けている。そのために、ＰＥＲは８倍と極めて割安だ。

なぜそうなるかと言えば、マイナスになる為替相場であえて買う必要がないので、機関投資家があまり動かないからである。

しかし実は、円高ではひそかに割安な株価で仕込んでいる。

円安に傾いて、株価が上がった局面では、ファンドは逆に利益確定に回るのである。

円安になって、株価が上がってから買う個人投資家にはどう考えても勝ち目はない。

だから、割安に放置される円高の時こそ、「仕込み時」と考えて行動するのが、株で確実に儲ける法則である。

新興市場では業績より夢を追う

個人投資家が好んで売買するのは、株価の変化率の大きい新興市場の銘柄だ。マザーズ、ジャスダックがその代表である。

ただ、新興市場の銘柄の特徴をつかんでおかないと、とんだ失敗をするので、注意したい。

まず、新興市場とは、東証一部とどう違うのか。

東証一部の銘柄になるには、資本金はもちろん、株主数、発行株式数、時価総額、経常利益、キャッシュフローなどで厳しい基準がある。しかし、新興企業向けに厳しくない基準で上場させてあげようとマザーズ、ジャスダックが開かれた。

だから、配当がないのはもちろん、赤字決算企業は、いくらでもある。

ただし、やっている事業が、今後期待でき、将来必要になるので、うまくいけば、株価10倍、20倍も夢ではない。これが新興市場である。

ただし、上げた材料がダメになったり、停滞すると株価が10分の1になる可能性もある。

これも新興市場なのだ。

最も典型的なのが、バイオ関連である。

ガン治療薬や再生医療が有名だが、最初は巨額の資金を必要とするので、赤字はもちろん、配当などは夢のまた夢となる。

投資家も、それを承知のうえで、株を買う。裏付けは「期待」「夢」だけである。

もちろん、成功して、安定的な利益を出して、東証一部、二部に格上げしている企業もいくらでもある。

新興市場への投資では、銘柄の経営に関する様々な情報、特に、**目指している事業の達成度**に注目したい。

具体化すれば、株価は安定的に上昇する。

4593　ヘリオス

「みんなの株式」https://minkabu.jp

鬼100則 66

ドミノ倒しにならない

ある人気の銘柄や人気テーマ銘柄が下落すると、その銘柄の損切りや信用の評価損穴埋めのために、関連銘柄や他の銘柄が売られやすくなる。

これが「**ドミノ倒し**」である。

最近では、サンバイオの急落によりバイオ銘柄や新興市場の株価が軒並み下落した。サンバイオと大日本住友で共同開発していた慢性期脳梗塞向けの治療の治験が不成功に終わり、株価が急落。もちろん、完全失敗ではないが、一時、12000円を付けた株価はストップ安の連続で値が付かず、最終的には2800円まで下落して下げ止まった。

この急落を受けて、他の問題のないバイオ関連銘柄が軒並み売られ、ついで、新興の銘柄までが総崩れの現象になった。同じテーマの銘柄は増やさないほうが良い。

市場には、人気の銘柄の周辺銘柄にも投資している人が多いので、個人投資家などは信用の追証対策で他の銘柄を売ることがあり、これが「ドミノ倒し」を引き起こす。

ＮＹ相場の下落や他の全体的な下落と、個別銘柄の悪材料からの下落とは性質が違う。

落ち着けば仕込みのチャンスにもなるが、様子見で対応しないと、痛手を被る。

そもそも、投資の対象を特定の銘柄群やテーマに絞ると、悪材料が出た時の痛手が大きい。

ドミノ倒しを防ぐためにも、できるだけ異なったテーマに分散投資するのが賢明である。

サンバイオ（４５９２）↑の下げでドミノ倒しになったナノキャリア（４５７１）↓

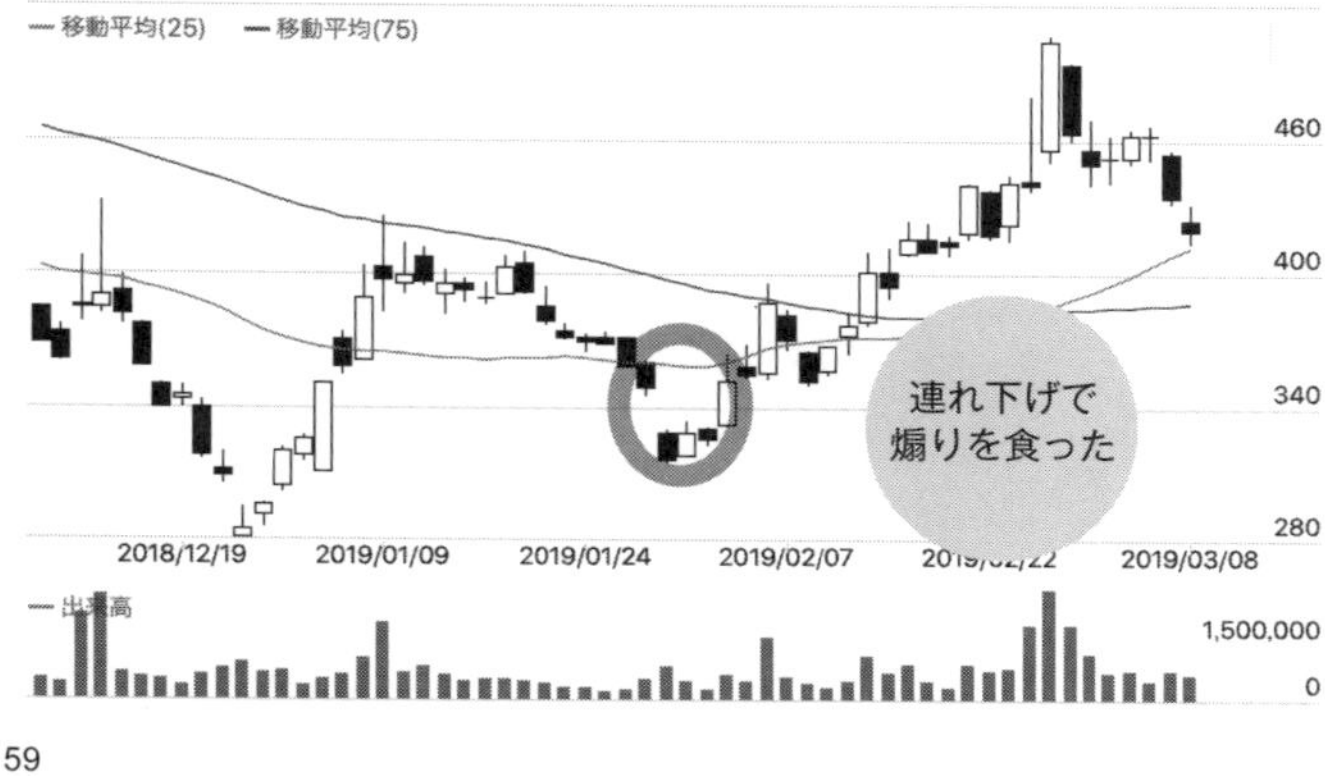

「みんなの株式」https://minkabu.jp

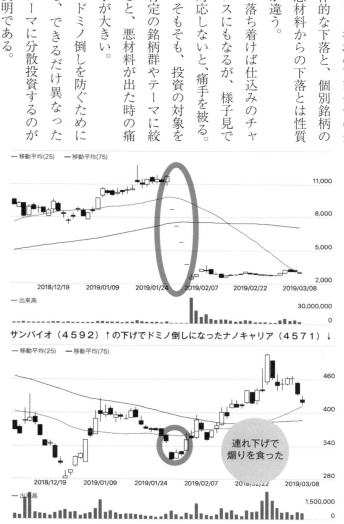

鬼100則 67

夢が買われるが失望もある

創薬ベンチャーは夢が多いが、失敗もある。

うかつに流されて買うととんでもない損を被ることも知っておかなければならない。

アキュセラ・インク（４５８９）という創薬ベンチャーの「人気と暴落」の一件は知っておきたい。

眼疾患治療薬の開発で一躍有名になった会社で、一時は世界最大の創薬メーカーになるとの声が持ち上がり、株価は７７００円を付けた。

しかしその後に、マイナスのニュースが出て6日間のストップ安で１１００円まで下げ、ついには上場廃止になった。

怖い怖い株価の動きを象徴する銘柄である。

この銘柄の動きを見ると、５０００円を超えてから、人気が集中して買いが買いを集め、強気一辺倒の状態になった。

しかし、治療薬開発の失敗のニュースが伝わるや、相場は暗転して、大暴落となった。

夢が買われるのは、やがて、とてつもない業績への反映が期待されてのことであり、赤字でも買われるゆえんである。

特殊環状ペプチド医薬品の創薬、インフルエンザなどの治験を目指しているペプチドリーム（４５８７）は、業績は上向いているが、極めて割高に買われ、ＰＥＲはなんと１８７倍である。これは大手製薬会社などとの提携の材料があるからで、現実化していない夢が買われて５０００円台から６０００円台の株価を付けている。失敗の話はないので、株価が高い。

現実化していない「夢」が買われる典型である。バイオの悲劇が起きる前のうたかたの夢だ。

４５８７　ペプチドリーム

「みんなの株式」https://minkabu.jp

鬼100則 68

2桁になった三菱自動車の復活に学べ

企業活動には、様々なリスクがある。この中でいかに生き残り、成長していくかが課題である。

なかでも、顧客満足度は、企業活動の根幹である。客があって企業は成り立つ。

かつて、三菱自動車（7211）はこの点で大きな汚点を残した。

トヨタ、日産、ホンダに次いで売上で第4位にあった三菱自動車が70万台にのぼる車の不具合を隠す「リコール隠し」を行っていて、社員の内部告発で明るみに出たのは2000年初めのことで、その後も不祥事が続いた。

前代未聞の不祥事で会社はユーザーの信頼を失い、存亡の危機に陥ったのである。

約20年を経て、昨今の株価は600円台にあるが、一時は50円台（株価補正前）に暴落、倒産がささやかれだした。

考えてみれば、当たり前だ。

人の命を運ぶ自動車メーカーが、重大なリコール案件を国に届けず、表立ってのリコールも行わず、内内での処理にしていた。

企業として信用は地に落ちたのだ。株価は紙くず同然になる。

ただ、ここが判断のしどころである。

三菱といえば、日本を代表する財閥であり、グループ内に優良企業を多く持つ。普通の企業ならば倒産は必至だが、「腐っても三菱」である。

私はこの会社は生き残ると考えた。

三菱銀行をはじめとする財閥グループが助けると見たからである。案の定、三菱ＵＦＪ銀行、三菱重工などの支援で生き残った。

その結果、株価は「V字回復」を果たしたのである。

私は50円台で買い、１年で２倍にできた。１万株を買い、50万円が１００万円になったのだ。

最悪の時に最悪になった株価がどうなるかは、その背後にある企業グループの結束に目を移すと見えてくる。

鬼100則 69

情報の「網を持つ」株を買う

どの銘柄で勝負するかは、損得の分かれ道になるので、慎重にしなければならない。基本的に、アナリストや評論家の「おすすめ銘柄」は、考えに入れないことだ。

常時チェックする銘柄は、多ければいいというものではない。

私は、自分の経験から「得意分野」「好きな分野」が、投資確率が良いと考えている。大学は政治経済だが、高校が電気通信なので、電機株や通信株に興味がある。

さらに、バブル時に不動産投資で成功し、八王子在住の時には、「高額納税者番付」に掲載されたくらいなので、不動産にかかわる企業やサービスに関する銘柄は、詳しいし、安心して投資できる。情報網も多いので、潮時の判断も的確にできる。

株式に関する情報で大切なのは、**新聞やネットで明らかになる前に、巷の動きで感じら**

れるような立場を活用して、有利に銘柄選びやタイミングを計ることだ。

私は、もともと病気がちで、医療分野にも身近にかかわってきたので、小野薬品などの医療情報には詳しい。そのアンテナや感覚も活用している。

それ以外に、特別な情報収集網を持っているわけではない。

みんかぶやヤフーファイナンス、ツイッターなど、個人投資家ならおなじみのツールを使って売買している。

ヤフーファイナンスなどの株サイトでは、世界の株価に加えて各銘柄の様々な株価情報やチャートを見て、時には売買代金ランキングから銘柄探しもする。もちろん数字だけでなく、サイトの銘柄の情報で、業績動向やその企業が抱えている課題や期待を確認する。

この作業を愚直に日々繰り返すだけである。

誰でも、かかわっている仕事や趣味、興味があるだろう。

その強みを生かせば、株式投資で有利に戦える。

大切なのは、**専門のトレーダーに勝るような自分のアンテナのある分野を持つ**ことだ。

第7章

投資戦略の鬼十四則

株式が最も魅力的な値段で売られており、まもなく歴史的な価格高騰が始まろうとしている時に買うことが投機的であると揶揄され、間違いなく危険だと判断できる水準まで株価が上昇しきった時に投資という言葉が町に踊る。

ベンジャミン・グレアム

過去に学べ。しかし過去は繰り返さず。

鬼100則 70

市場は時に間違うものである前提で考えよ

株式市場の株価変動は、あくまでも需給関係で成り立ち、様々な要素で株価が動く。

その要因をいくつかあげると、次のようになる。

・人気化している
・業績が良い
・全体相場が上がっている
・美味しい材料がある　等々。

個別銘柄にとって、程良い状態では「買いたい」と思う投資家が多くなるので、売る人よりも買いたい人が上回り、株価が上がる。

ただ、市場に大きな影響を与えるファンドは、すでに述べたように「決算」があり、投資家都合の解約もある。これが株価変動の見逃せない動きになりやすい。

そのために、**様々な条件は整ってはいるが、株価は上がらないどころか、むしろ、利益**

確定に押されることがある。「節分天井、彼岸底」の要因にもなっているわけである。

市場は複雑な要素があるので、理論的に動かないし、時に、へそ曲がりな動きをすることがある。

これに驚いて、投資行動を起こせば、痛い目に遭う。

儲けるどころか、タイミングを失い損をする。その後に「売り後が高い」とばかりに、無情にも株価が上がる。持っていない時に限って、売った株が上がるのだ。

そこで大切なのは、**買った時の信念に基づいて、簡単には慌てず、持ち続ける**ことである。それだけの余裕がないと市場の勝ち組にはなれない。

いまは、短期のトレードが盛んだが、株を持って大きく資産を増やしている人は、成長銘柄をきちんと調べて、長期で持ち、何倍にもしている。

買う時の方針、計画を銘柄ごとにメモしておくのは良い習慣だ。

そうすれば、**目先の変動での慌て買いが避けられる**。

じっくりと「配当生活」ができるかも低金利時代では大切な投資のスタンスである。

鬼100則 71

良いニュースでは動かない

前に書いたが、材料が出たり、良いニュースですっとび高値の時は、明らかに「売り場」である。

少なくとも「買い場」ではないことを心に留めておきたい。

一般的に、増益や新商品の開発などのニュースでは、初心者などの買いが集まりやすい。

また、証券会社も顧客に買いを勧めて手数料を稼ぐ良いチャンスである。

株を買うのには、「上がっている」「好材料が出た」という理由があると、とりあえずは説得性があるからだ。

しかし、それはファンドなどのプロの連中にとっては、売り場、利益確定の場であり、買いではない。

機関投資家は、株は安い時に小分けに仕込み、出来高急増で一気に利益確定を行うのが、通例だ。

個人投資家も、プロに負けないで、安値を仕込み、高値を売る習慣を身につけなければならない。間違っても、高値をつかむような愚行はしないことだ。

古くからある株の格言に「**噂で買って事実で売る**」というのがある。

事実が発表されれば、普通は買いが集まるので、勝つ人はそこを「利益確定のチャンス」と、待ち構えているのだ。

最近では、オンコリスバイオファーマ（４５８８）が開発中のガンに対するウイルス療法で、中外製薬との業務提携を発表し、ストップ高・急騰したことがある。

しかし、すでに発表前から上げ始めていて、ようやく買った時が高値になった。

問題は「噂」の時点では、不透明なことも多く、なかなか買えないということだ。

しかし、トレンドを見れば、早耳筋が仕込んでいるので、株価はじわりじわりと上がっている。そのトレンドは誰も隠せない。

このトレンドから、間違いのない仕込み場を見逃さないことが大切だ。

鬼100則 72

常に、余裕資金を持て

株式投資の勝ち負けを左右するのは、運用先や運用方法もあるが、最重要なのは「気持ちの持ち方」である。

例えば、「株式投資に充てた資金が下落で減ると、3か月後の生活に支障が出る」などという余裕のない投資は、まず失敗する。

極端に言うと、「なくなっても良い」くらいの気持ちの余裕がないと、**株価変動に対する抵抗力**が持てない。

株価が下がると「夜も眠れない」というのでは、うまくいかないどころか、体にも良くないし、楽しくない。

そこで、余裕資金の目安だが、まずは、「使い道が決まっているお金」でないことだ。

生活費はもちろん、教育費、家賃、交際費、住宅ローン原資など。それを株で運用して

増やそうとすると、総じて失敗に終わる。

さらに、使う当てがなくても、**月収の６か月分は手を付けてはいけない**。

月収40万円であれば、６か月分２４０万円は手を付けない。余った資金で投資をする。

「そんなことを言ったら、余るお金はない」と、言いたいところだろうが、そういうお金をつぎ込んでいる人が多いのが、「個人投資家は株で儲からない」最大の理由である。

定年後の人なら、現預金の20％まで。

これはあくまでも理想論だが、「なくなったら困る」お金はつぎ込まないことだ。

なぜならば、株式投資は絶対に儲かるというわけではない。

「ハイリスク・ハイリターン」商品だ。大化けもするが、倒産すればゼロにもなる。

ことサラリーマンとして社会人生活を過ごした人は、自分の**身銭を切った勝負に慣れていない**。損失への抵抗感が強いのだ。

このことをしっかりと肝に銘じて投資に臨まないと、うまくはいかない。

株価が上がろうが下がろうが、気にしない。これくらいの図太さで臨めば、良い成果に与れるだろう。

鬼100則 73

同じ材料に集中するな

昨今、株は100株単位で買えるようになり、選択の幅が広がった。

1銘柄1000円台からの株価からキーエンスやファーストリテイリング（ユニクロ）のように6万円以上もして、600万円出しても手が届かない高嶺の花もある。

100万円程度の資金で複数購入できる、1000~2000円の銘柄も数多い。

株を買う時は、**1銘柄に集中しないで、いくつかの有望なテーマに分散して**投資するのがセオリーだ。

何よりリスクが少ない。

いかに有望な銘柄と見えても、何があるかわからないのが企業活動である。

三洋電機や東芝、シャープの凋落を誰が予想できたか。

ひとつやふたつの企業と運命を共にするのは、あまりにもリスクが大きいわけである。

ファンドや年金資金などが、多くの銘柄に分散投資しているのは、**リターンよりも「リスク対策」**であると考えれば良い。

分散投資でよく言われるのは、「卵はひとつのカゴに盛ってはならない」ということだ。卵の殻は割れやすい。ひとつのカゴに盛って落とせば、全部割れるだろう。株式もひとつの企業に投資すれば、その会社の浮沈に資金が左右されて、精神的にも良くない。

なるべく、いくつかの企業に分散投資することで、「外需がダメでも内需がある」というような考え方をするほうが良いのだ。

もちろん、急騰する銘柄があって、それを1単位持っていた時に、「もっと買っておけば良かった」というような気持ちになることもあるだろう。

しかし、それは「たまたま」であり、買う時に完全に予測できたわけではない。

分散投資した中での動きであり、「株とはそういうものだ」と割り切ることが大切である。

一度に売買を決めない

株式投資には、様々な教訓や格言があるが、長い歴史の中で伝えられた重みのあるものが多い。

「売り買いを一度にするは無分別、二度に買うべし、二度に売るべし」

これも、有名なものである。

人間、欲が深いから株価が上げてきて、出来高が増えると、「買いたい」思いが募り、見境なく買ってしまいがちだ。

逆に下落の場面では、「売りたい」気持ちが前面に出て、我慢できずに「一気売り」の行動をする。

それが良いタイミングの時もあるが、大体は後悔する。それを避けるには、売買の分散が必要だ。

分けて買う、分けて売る。

この行動が確率を高めることになるからである。

一寸先の株価は誰もわからないが、ある程度の予測はできる。その予測が間違うことも多いのだが、後悔をなくすために、売買の行動を分けるのが好ましい。

売買の方法に「ドルコスト平均法」というのがある。

毎月同じ金額で株を買えば、株価が下がった時に多く買えて、上がった時には少なく買うことになる。

合理的な方法で買いの平均コストは低くなる。買いのコストが低ければ、株価が上がった時に、含み益となりやすく、安定的な利益を積み上げることができる。

この方法が買いのタイミングを多くする方法だ。

そこまで徹底する必要はないが、とにかく一度で勝負をしないこと。

買うタイミングはあくまでも底値からの反発。

売るタイミングは「買われ過ぎシグナル」が出る直前の分散売り。

愚直に繰り返すことで、利益は上がる。

鬼100則 75

買いのチャンスに資金がないのは最悪だ

先に「ドルコスト平均法」の話をしたが、株を買うタイミングは「いま」だけではないのだ。

株価は常に変動している。

個別銘柄の要因だけではなく、NY株価の変動や地政学的なリスクでも動く。言い換えれば、いつでも買うチャンスがあるのだ。

「定期を崩してでも買いたい」

そう思っても、その時は意外と高い時かもしれない。

なぜならば、買いたいというのは、往々にして、ぐんぐん株価が上がり、買わないと損だ、というようなムードになっている時だからだ。

「誰も見向きもしない」

このような時は本当は買いのタイミングである。

自分が買った時よりも大幅に株価が下がり、同じ関連の銘柄も「こんなに安いのか」というような時がある。

明らかに「買うべき株価」になっている。

しかし、衝動買いの結果、いまはお腹いっぱいに株を買っていて余裕資金がないということが多い。

そのようにならないためにも**保有株は、口座に入れてある資金の「腹八分目どころか、六分目」くらいに抑え、買うべきチャンスにきちんとお金を使えるような状態にしておく**ことが望ましい。

株の一寸先は完全には読めないので、自己資金をうまく活用して、下値に注文を小刻みに出し、できるだけ取得単価を抑えて買うのが良い。

反発したら順番に売る。

この繰り返しである。

それが「株で勝つ人」の投資のスタンスである。

短期勝負を長期に変えない

デイトレーダーがよくやりがちなのが、デイトレでうまくいかず、利益確定のチャンスを逃して、含み損の銘柄をその日に決済しないで、スイングトレードや長期投資に切り替えることだ。

損を出したくない、そのうち値上がりして、含み益になるだろう。

その気持ちはわかるが、お勧めできない。

なぜならば、デイトレを仕掛けたのは、その対象の銘柄が人気化して、出来高も多い時である。

いわば、絶頂期に売買している。

それを持ち越し、長期投資にするのは、不人気化した銘柄を持ち続けることに他ならない。

テクニカルの面でも下降トレンドになるのが大半である。

それをやると、失敗の株の山となり、含み損の資金が次々と増えていき、合計の含み損も増えていく。

絶対好ましいことではない。

もし、銘柄に惚れているのであれば、下降トレンドから上昇に転じる時を待って、再投資するスタイルのほうが成果は良いし、納得ができる。

短期での投資で失敗した時は、一気に処分して、チャンスの多い銘柄に再投資したほうが資金が寝ないし、精神的にも良い。

「引かれ玉」は放置しておくよりも、すっきり処分する。

常に、無駄な銘柄をなくして、投資方針に沿って挑戦することだ。

そもそも**長期で持っていて良いのは、ゼロ金利時代の運用に充てる「高配当銘柄」だけ**である。

それ以外は押し目買い、吹き値売りに徹する。

それでこそ、株で利益を得られるのだ。

鬼100則 77

衝動的に売買せず、納得いくまで調べる

株の売買のタイミングはなかなか難しい。

しかし、大切なのは、「付和雷同の買い」はしないことだ。

優良な会社が何かのハプニングや、全体相場の波乱で意図せざる調整があった時、その時が「買いのチャンス」である。

株価のことだから、右肩上がりばかりではない。必ず、波乱の時が来る。

もちろん、経営実態の危ない銘柄はいくら下げても買うだけの魅力はない。しかし、優良の銘柄が「つれ安」した時は、買いのチャンスになる。

問題はいつ買うかだ。

日ごろから、気になる優良企業のチャートを見て、この銘柄はここまで落ちたら「安過ぎ」という地点をあらかじめ把握しておきたい。

トレーダー達の日常を見ると、大体は40から50の銘柄のチャートを検証しているといわれる。株式で飯を食い、生き残り、さらに、勝ち抜いていくためには、そのくらいの日々の努力が必要なのだ。

私は、ネットの検索に頼っていない。

大型書店に置いてある「チャート集」（日足・週足）を活用している。

全銘柄をパラパラ見ることができるので、買いのタイミングがすぐわかる。

さらに、調べたければ個別の銘柄をネット検索すれば良い。

自己資金で稼ぐ個人投資家であっても、適当な勘のみでトレードをしていれば良いというものではない。

売買に入るためには、それなりの裏付けをきちんと持ち、「ここで買って、ここまで来たら売る」というようなシナリオを描きながら行動に移すことが大切である。

衝動的な投資スタイルでは、「勝ったり負けたり」で、好ましい成果が出にくい。

情報を装備し、待ち構えて、目算の底値で買い、そこそこで利益確定する。

この納得できるスタイルがぜひとも欲しいのだ。

急騰時は利益優先して、現金を増やす

個人投資家がよくやる「負けパターンの投資スタイル」がある。

株価が急騰し、出来高が増えてきた時に、なぜか妙な勇気が出て買い向かってしまうというものだ。

しかし、**急騰・出来高急増の時点は**、その前か、下値で買っている人の利益確定のタイミングであり、**買うタイミングではない**。

出来高が増えているのは、それだけ高値掴みをしている人が多いとか、アルゴリズムの取引で小幅の変動を狙う動きがあるからだ。

急騰時はあくまでも「利益確定のタイミング」であり、仕込みの場ではないと知ろう。

もし、手持ちの銘柄が急騰して、出来高が増えてきたら、迷わず手持ちの多くの株数を売却して、その後のために現金化しておきたい。

私の売買のやり方は、もうおわかりであろうがＰＥＲやＰＢＲを参考にするのではなく、チャート、すなわちテクニカル重視である。

「売られ過ぎ」を買い、買われ過ぎに近づいたら問答無用に売ることにしている。


どこが上値の限界かは誰にもわからない。

しかし、「**頭と尻尾はくれてやれ**」という格言があるとおり、自分の目標というか、ある程度の利益が確保できれば、それでよしとするのが良い。

「もっと儲かるはずだった」というような欲深は結果的に、含み益を失い、「元の木阿弥」となりやすい。

そうならないために、株価が出来高を伴い、上げている時は、利益確定を徐々に行うのがベターである。

目の前の儲けはとりあえず利益確定。

また、やってくるであろう押し目を待つ投資スタンスが良いのである。

鬼100則 79

安値狙いにナンピンなし

これから上がると見込んで買った銘柄が下げた。

でも、これは一時の調整かもしれない。逆に買いのチャンスだろう。

そう焦って、ちょっと株価が上がったところでの「**飛びつき買い**」。

もしくは、下げの途中での「**値惚れ買い**」。

安値を狙う投資家がやりがちなことだ。

しかし、資金がどんどん吸収され、株価がさらに下がった時は、含み損が膨大になり、恐怖から処分売り、損切りとなりやすい。

つまり**ナンピン買い下がり**。このような愚行は避けたいところだ。

平均単価を安くしたいからと、見込みの少ないところでお金をつぎ込む。

これができるのは、資金に潤沢な用意ができる人だけだ。

個人投資家にはおのずと限界がある。

底値がどこにあるのかは、誰もわからない。

だから、慌てての「ナンピン買い」は、絶対にしてはならない。

すでに述べた「底値確認」のタイミングで、枚数を増やすべきだ。

単なるナンピン癖とは違い、冷静なテクニカルからの買いの判断なので、含み損拡大の大失敗はなく、近いうちの反発が期待できる。


むしろ、同じ銘柄や同じ銘柄群で枚数を増やすのは、リスクが高い。ナンピンまがいの底値買いは最小に抑え、資金の余裕を増やすのも手である。

ナンピンではなく、底値からの「買い上がり」の新たな銘柄選定のほうが精神的には楽だ。

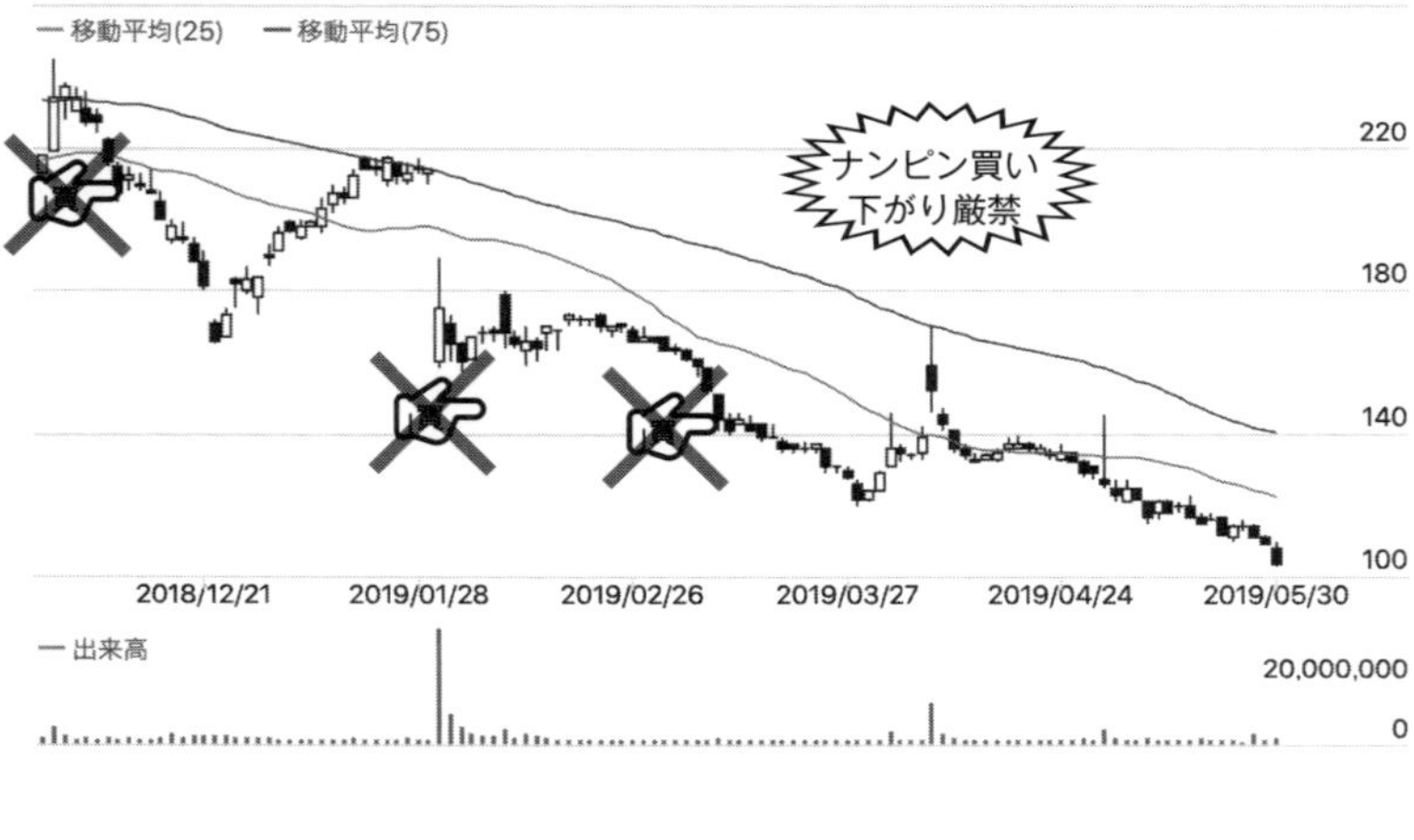

「みんなの株式」https://minkabu.jp

中長期のトレンドに従え

株価の動き、トレンドには個別の銘柄や銘柄群により、それなりの特徴がある。全体的に右肩上がりなのか、逆に右下がりか、持ち合いか。銘柄によりトレンドは違う。そのトレンドは、企業の業績や未来展望、人気度により様々な形がある。

長期的な右肩上がりであるならば、その銘柄は押し目を狙うしかない。

例えば、広告業界の二番手・博報堂（2433）の株価は長期的に安定して上昇している。もちろん、短期的には500円程度の上昇・下落があるが、最高値2000円を付けた後、さらに2000円抜けから3000円を目指して上昇していく勢いだ。

経営環境は厳しいが、株価のトレンドは長期的安定的に上昇しているので、不安のない銘柄と言える。

このように、右肩上がりの銘柄でも、押し目は必ずあり、一本調子ではいかない。

それぞれの銘柄の癖や、これまでのトレンドをしっかりつかんで、「どこで買い、どこで売るか」という眼でしっかり見ておき、作戦を立てるのが好ましい。

また、ある一定の幅の中で動く、持ち合い型の銘柄もあるが、これは下値を待ち、そこで買い、上値を見て利益確定が好ましい。

すべては、作戦があってのことであり、むやみな売買は決して成功しない。これはくれぐれも肝に銘じて欲しい。

2433　博報堂　週足

「みんなの株式」https://minkabu.jp

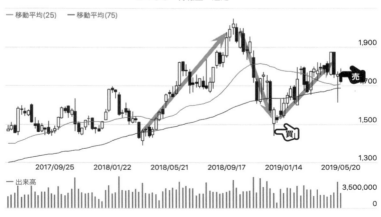

鬼100則 81

不透明な相場では売買しない

相場の動きは時に、説明不可能の様相を呈することがある。

理由なき暴落、というようなことだ。特に、NY株価は突然、大幅な下落をする。

大きな政治的ニュースはないのに「対中戦略への不透明感を受け」などと解説されるような事案だ。

このような相場では、専門家でも解説に困る状態であり、ファンドなどは「リスクオフ」の姿勢となる。

危ないから、とりあえず資金を引き揚げて、様子を見るということだ。

この時に、億り人といわれる投資家たちが基本としていることがある。

それをあげると、

・レバレッジは最小限に抑える

・一度に一気買いしない

・安易な空売りはしない

・万が一、キャッシュがない時は、明らかに割安な銘柄に乗り換えておく

当たり前だが、危ない橋は渡らないということだ。

見通しがはっきりすれば、いかなる投資行動もとれるが、「どうなるか不透明な下げ」では、そこが底値なのか、さらなる暴落があるのかわからない。

例えば、リーマンショックでもブラックマンデーでも、下げの始まりは不気味な動きである。

その後に、本格的な下げが来て、真っ暗な相場の中で全体が底値を付けて、やがて、大底を迎える。

その後に、じわじわの反発で、やっと「あの時が底だった」とわかる。

慌てての「安値買い」は、さらなる暴落で痛い目を見る。用心したほうが良い。

個人投資家の強みは「どうしてもいま、株を買わなければならない」立場にはないことだ。

無理な投資行動は慎みたい。

鬼100則 82

損切ルールを持てば全財産は失わない

個人投資家がよくやるのは、新興などの仕手系株に手を出して、買ったら暴落という局面に遭遇することだ。

私も仕手系銘柄は好きなので、何度も勝負している。

何より、株価の上げ下げ、すなわちボラティリティーが大きく、手掛け妙味がある。少ない資金で大きく稼げるチャンスがあるので、せっかちな私には向いている。

株の投資をするためには、「性分に合っている」ことが大切だし、勝つ確率が大きい。

「仕手株をやって財産を減らした」と嘆く人が多いが、それは欲張り、損切りの習慣がない人のボヤキと言える。

これは失敗談だが、セキュリティ関連の銘柄を買った時のこと。大した業績の裏付けもなく、思惑で上げていた銘柄で勝負していたが、プラス30万円になったところで、しめしめと食事タイムにしたが、食事後にスマホのデータを見てビックリ。ストップ安になって

いるではないか。私の含み益は、ゼロになった。

予想外の下げは、**即手仕舞う**のが、私の方針である。

含み益は現実の利益ではなく、あくまでも仮想上の利益。

逃げる時はさっぱりと逃げないと、じわりじわりの下げにやられて、資金効率が悪い。

私の損切りの鉄則は、**急激な大陰線**である。何パーセントの下げではない。

陰転したら、速攻逃げることにしている。

動きの速い銘柄の投資は「逃げるが勝ち」。

こうすれば、他の銘柄で再挑戦が可能である。

「仕手株で財産の9割をなくした」という人がいたが、それは損の拡大を放置して、「絶対に戻す」という確証なき期待で勝負しているからだ。

株で正しいのは、目の前の株価の値動きだけだ。

明日や明後日の株価は誰も予測できない。

失敗は、浅いうちに撤退しないと、株式投資の世界では生き残れない。深追い、甘い期待は無用である。

心したいものだ。

鬼100則 83

投資のシステム化でうまく稼ぐ

株式投資は、勝ったり、負けたりである。

大切なのは、儲けたトレードに対して、負けを少なくすることだ。

小さく儲けて大きく損をしていては、意味がない。


私が以前買った銘柄の中に、格安スマホの草分けの日本通信（９４２４）がある。これには稼がせてもらった。

東証の売買代金の上位に突然、顔を出して、大商いした銘柄だが、この株もどちらかといえば、「期待先行」「思惑」での株価の動きだった。

私がとった作戦は、**下げた時に、下値に小刻みに注文を出しておき、できるだけ安く仕込む**。ここまでは下がらないだろうというところにも注文を出す。

小型株で値動きが荒いしストップ安もあるので、このやり方が有利に仕込めた。

それで、単価を有利にして、**急騰したら、即利益確定**。

そうして、50万円、１００万円の利益が短時間で得られた。

安値で仕込み、ストップ高に遭遇したので、幸運だったと言える。

株の売買に自己都合の休みはない。ゴルフのラウンド途中に、ティーショットを中断して、売却したこともある。

しかし、この銘柄もいつまでも勝負できるものではなかった。

格安スマホで利益が上がっているのではなく、ドコモの通信網を使って、格安の提供で儲ける、というビジネスモデルに注目が集まっただけのことである。

人気離散になったら、誰も見向きもしない「不人気銘柄」になってしまった。

仕掛け銘柄は惚れてはいけない。

目の前の値動きにうまく乗り、満足したら、他で勝負する、新しい動きの銘柄に移動するのが賢明なのだ。

第8章

地政学リスクの鬼八則

人が冷静さを失っているとき、あなたが冷静さを失わなければ、あなたは富を築くことができます。

マーク・リッチ

常に各国の中央銀行の動きとは正反対の方に賭け、現実世界に賭けるべし。

ジム・ロジャース

鬼100則 84

NYの激震で、即行動だ

朝のお茶の間向けのテレビニュースでも、「今日の日経平均株価は」と併せて「NYのダウ平均株価は」と報道される。

ダウ平均は、日本の日経平均225と似たようなものだが、マイクロソフト、アップル、マクドナルド、コカコーラなど**誰もが知る世界的な巨大企業30社で構成される指数**である。

ダウ平均は、アメリカの経済や政治動向を如実に反映している。

雇用統計、国内総生産、アメリカISM製造業景況感指数、FOMCの金利政策などの指標が定期的に発表される。そのたびに、数値が良ければダウ平均が上がるし、市場がマイナスに判断すれば、ダウ平均は下がる。

政治のニュースにも影響される。

対中政策の決定、特に関税アップを巡るトランプ大統領の発言では、大きく動く。

ダウ平均が急激に下がるような状況では、日本だけではなく、世界中の経済に悪い影響が及ぶ。

世界最大の経済大国、さらには、基軸通貨ドルを発行しているアメリカ経済の影響は極めて大きい。

そしてアメリカの景気動向が日本の企業活動、ひいては日本人の仕事や賃金に影響がある。

ＮＹ市場の取引は日本時間の朝の６時頃終わる。

９時から始まる東京市場には前日の動きが大きく影響する。そのために、ダウ平均株価が大きく振れた時は、株式投資では緻密な判断が迫られる。

大きく下げた、大きく上げた、というような時は、これに東京市場が影響されて動き、つれて、アジアやヨーロッパ市場も動く。

リスク回避のためにも、機敏な行動が求められるのだ。

鬼100則 85

ドルが逃げる相場は追うな

ドルは知っての通り、世界の基軸通貨だ。

世界中で通用するこの通貨の動きは、株式市場に大きな影響をもたらす。

特に、我が国では輸出で支える経済的なスタンスから、**円高ドル安が、極めて悪い影響**を及ぼす。

1ドル110円台前後で推移する昨今の円高基調では、内需関連が上がり、トヨタをはじめとした輸出関連はいまいち元気がなくなる。

トランプ政権の内向きの政策は米中の貿易戦争をもたらし、対中国との貿易収支のアンバランスから、ドル安、貿易赤字の改善に向かっている。

これは日本の多くの輸出企業には厳しい事態である。

今後は、アメリカの著名アナリストが1ドル75円などと言い始めているが、ドル安傾向がさらに強まるだろう。

そんな時に、日本市場の勝機はあまりない。
マザーズ、ジャスダックの材料株は別だが。

逆に、ドルが強い時は、アメリカの利上げがあり、経済はうなぎ上りのはずである。

しかし、輸出で中国の攻勢に押されるアメリカは、中国の追随を恐れる。世界最大の経済大国アメリカも万全ではない。

今後のドルの動向、円ドル相場の動きは、東京市場の輸出関連、さらには、日本経済の今後の動向にも大きな影を落とすだろう。

東京市場の外国人占有率は、先に述べたように、先物で7割を占め、株式の現物で6割を占めており、ドルを操るガイジンの動向からは目が離せない。

ドル／円レート

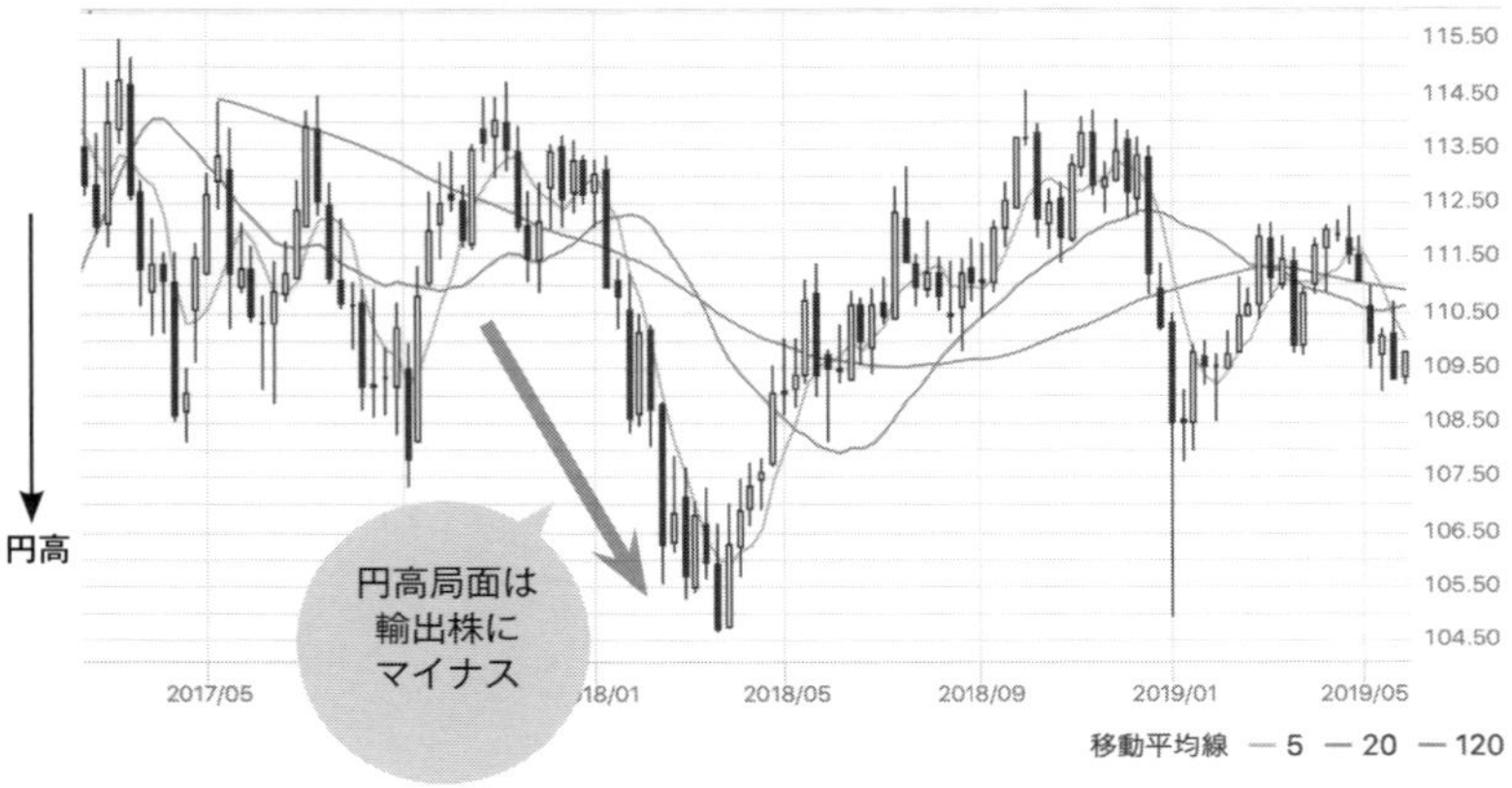

「みんかぶFX」https://fx.minkabu.jp/

鬼100則 86

元の動きが相場を動かす

ドルに比べて、あまり気にされてこなかった中国の通貨・人民元だが、これが意外と世界経済や株式市場に大きな影響を与えている。

その構図だけは知っておかないと、株式投資で過ちを犯すことになる。

人民元の通貨は中国政府により管理された変動レートだが、「対ドル」で、その存在感を現す。

中国のアメリカ向け輸出の多さは、トランプ大統領の発言で明らかなように、格安製品がアメリカ市場に多く入り込んでくると、アメリカの経済を悪化させるだけでなく、低価格競争から、世界中の経済に「デフレ圧力」をもたらす。

また、中国の貿易圧力は、東南アジアの経済にも悪い影響をもたらし、新興国の経済を停滞させる。

中国は、2018年中ごろから人民元安への誘導をしているが、人民元安ドル高だと中

国企業の利益が増大する。

これはアメリカ企業のマイナスになる。

「人民元安」に対して、アメリカが神経をとがらせているのは、ただでさえアンバランスな貿易に対して、さらなる不均衡をもたらし、アメリカ経済、自由貿易圏の利益を損なうからだ。

すでに起きているアメリカと中国の全面的な貿易摩擦が、これからどのようになるかは、株式市場にも影響する。

人民元安でメリットがあるのは、中国経済が上向くことを条件に、メリットのあるコマツ、日立建機、安川電機、ファナック等があげられる。

ただし、中国の思うように運ばないのが現状である。

中国人民元／ドルレート

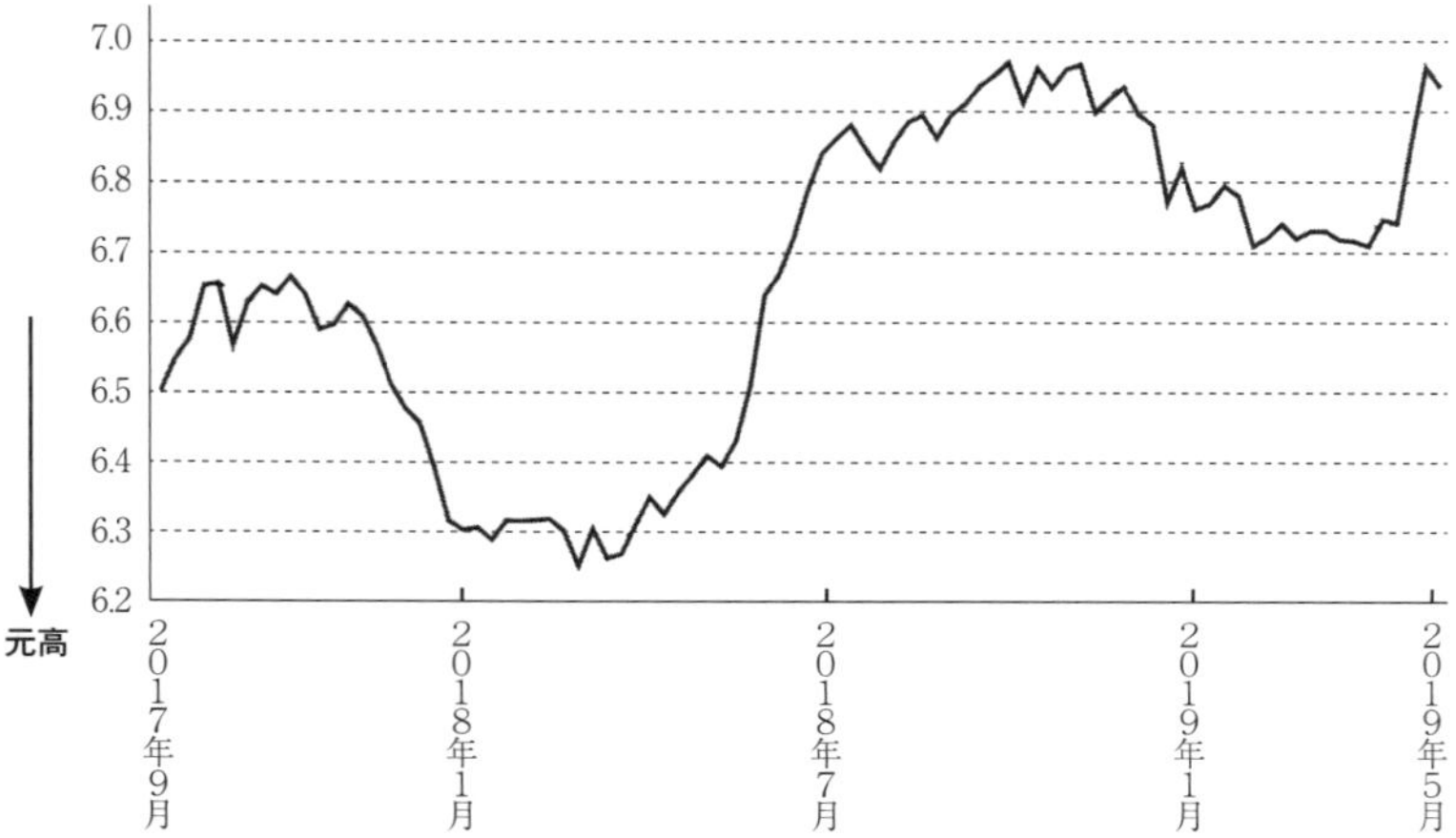

鬼100則 87

ユーロの経済を甘く見るな

アメリカ、中国に並んで株式市場で見逃せないのが、ヨーロッパ経済、すなわち、ユーロ圏の動きだ。

我が国は、ユーロ圏との貿易も盛んだし、経済的なつながりも多いので、目が離せない。

ところで、ユーロというのは、欧州連合（ＥＵ）と呼ばれる地域統合の通貨で、この通貨を採用しているのは、ＥＵ加盟国中の19か国がメインだ。

アメリカドルに対抗する準備通貨として組織されたが、ヨーロッパに行くと、この加盟国では、同じ通貨なので旅行にも経済活動にも便利でなじんでいる。

しかし、19か国（非公式使用は６つの国、地域）もの国がそれぞれ経済的な実力を度外視して共通の通貨を使うのは少し無理がある。

例えば、前に問題になったギリシャやポルトガル、イタリア、スペインなども、財政に問題があるとして不安視され、アメリカの格付け会社が、ユーロ使用国のうちフランスな

ど9か国の国債を格下げした。

このように、様々な国が寄り集まった国の集合体の経済には複雑な問題が内在しており、通貨はもちろん、株式市場も不安定だ。これが世界的な株価動向にも影響を与える。

ＮＹを見ていれば、ヨーロッパはあまり気にしなくて良い、という問題ではなく、ユーロ圏の問題はＮＹ市場を揺るがし、さらに、東京市場にも多大な影響を及ぼすので、注視していきたい。

ユーロ関連銘柄は様々あるが、マツダ、リコー、日立キャピタル、キヤノン、日本板硝子などが代表である。

ユーロの動きと完全にリンクするわけではないが、材料にされやすい。

ユーロ／米ドルレート

「みんかぶ FX」https://fx.minkabu.jp/

鬼100則 88

デフォルトのニュースを甘く見るな

世界経済や資金の動きが地球規模になっている現状では、ある国の財政危機は大きなリスク要因になる。

かつてはアルゼンチン、次いでギリシャにこの問題が起きたが、このデフォルトについてしっかりとつかんでおきたい。

デフォルト（債務不履行）は、その国の財政難の理由から、国債の償還期限を迎えても、それが履行できないことを言う。

デフォルトは、リスクが高い国債に起きやすい。

リスクが高まると格付け会社は国債の格下げで注意を促すので、さらに、不安要因となる。

我が国の国債も一時格下げされたこともある。

国債の格下げで信用がなくなると、その国の国債に投資していた人たちは、処分して逃げてしまう。そうなると通貨も売られて暴落の憂き目に遭う。負のスパイラルである。

通貨が安くなれば、その国の国民も預金を引き出して、信用のある通貨に換えようとするので、銀行での「取り付け騒ぎ」になる。銀行にはすべての預金に匹敵する現金はないので、やがては閉鎖の危機に追い込まれる。

日本国債がデフォルトする可能性は大きくないが、ゼロではないことを心したい。映画『シン・ゴジラ』の中では、ゴジラ来襲により政府機能が麻痺し、壊滅状態の東京に核爆撃を米軍が予定している場面で、株安・円暴落・デフォルトの示唆もあった。ゴジラ並みの災厄が日本を襲えば、あり得ないことではないだろう。

日本に限らず、いったん金融危機が起これば、株価下落の要因になり、それは関係のない国にも影響する。用心が必要である。

鬼100則 89

原油の動きが株価を動かす

「原油価格の値上がり、値下がり」が、毎日の株価の動きの材料として語られることがある。

原油が上がると株価が上がる。これがセオリーだ。

なぜ、そうなるのか。

要因はふたつある。

ひとつは、原産国のオイルマネーが株式市場には莫大に流れてきている。しかし、原油相場が下がれば、産油国の財政が厳しくなり、運用のお金も引き上げなくてはならない。オイルマネーの投資先の主体は、NY、東京、ロンドン、フランクフルトなど、経済の安定した先進国市場だ。

そこからオイルマネーが逃げれば、株価は当然、下落する。

逆に、原油価格が上がれば、運用資金が潤沢になるので、株式市場にもお金が流れ、リ

スクオンの状態になるので、株価が上がる。

アメリカには世界的な規模のエネルギー関連の銘柄が多く、国際的に活動している。

原油安はこれらの企業の経営を圧迫するので、株価が下がる。それはＮＹ市場の株価下落に影響し、さらに、世界的な株安につながる。

これが原油相場と株価との相関関係だ。

原油の価格は個々の企業にも影響し、日本のエネルギー産業の株価にも影響を与える。

これらを俯瞰して、相場の流れをつかめるようにならなければならない。

もちろん、原油だけですべての株価が決まるわけではないが、株価と原油価格の連動の仕組みだけは知っておきたい。

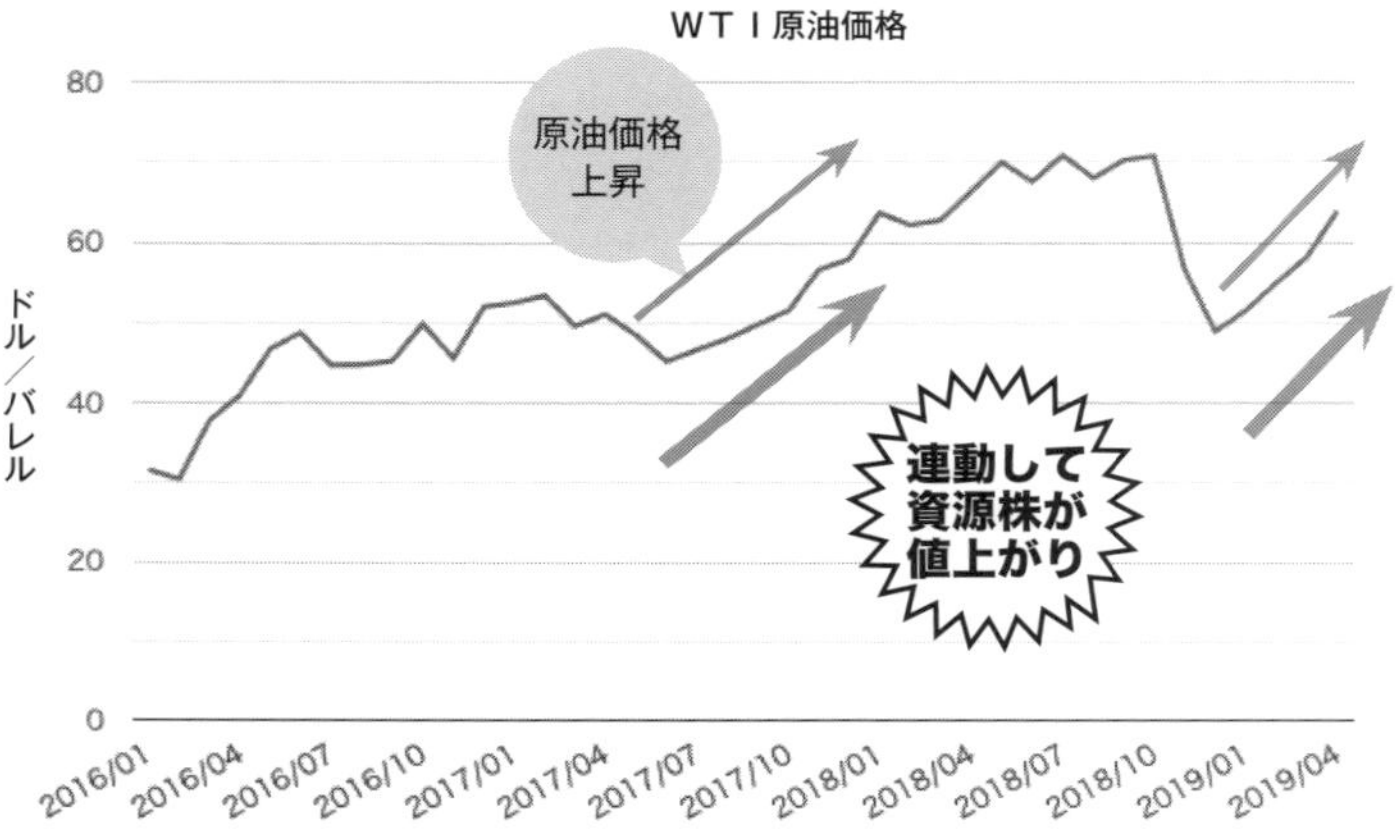

World Bank - Commodity Markets

鬼100則 90

政局不安は相場の潮目の変わり

政治体制の変化やトップの交代は、株価に少なからず影響がある。

なぜならば、時のリーダーと政策はリンクしており、**政策が景気にどのように影響するか、株価は先読みする**傾向にあるからだ。

アメリカの例では、先に述べたようにトランプ大統領の登場が意外性を持って受け止められ、市場に「予想外」「不透明」の声が聞かれた。

株価には「視界不良」は、極めて印象が良くない。

先行き悪くなるのか。良くなるのか。

これがわかれば、ポジションの置き方がわかるが、不透明だと「暗闇」の中にいるようなもので、投資家には対応しづらい。

そのために、すでに述べたがトランプ大統領が登場したその日の株価は急落した。選挙前の過激な発言から警戒感が強まり、様子見になった。

この後反発したが、政権の行方の不透明さは市場では嫌われるのである。

ガイジン投資家が６割の東京市場も、安倍政権の動きには非常に注目が集まっている。閣僚の不祥事や安倍政権の支持率の上下、日銀政策などについて、投資資金は敏感に反応する。

個人投資家も国内の政治動向には注目して、資金の管理を怠らないようにしたい。

その他、海外の政治状況にも株価は様々な反応をする。

その政権の経済政策や国際政治の動きには、注目しておきたい。

内閣支持率

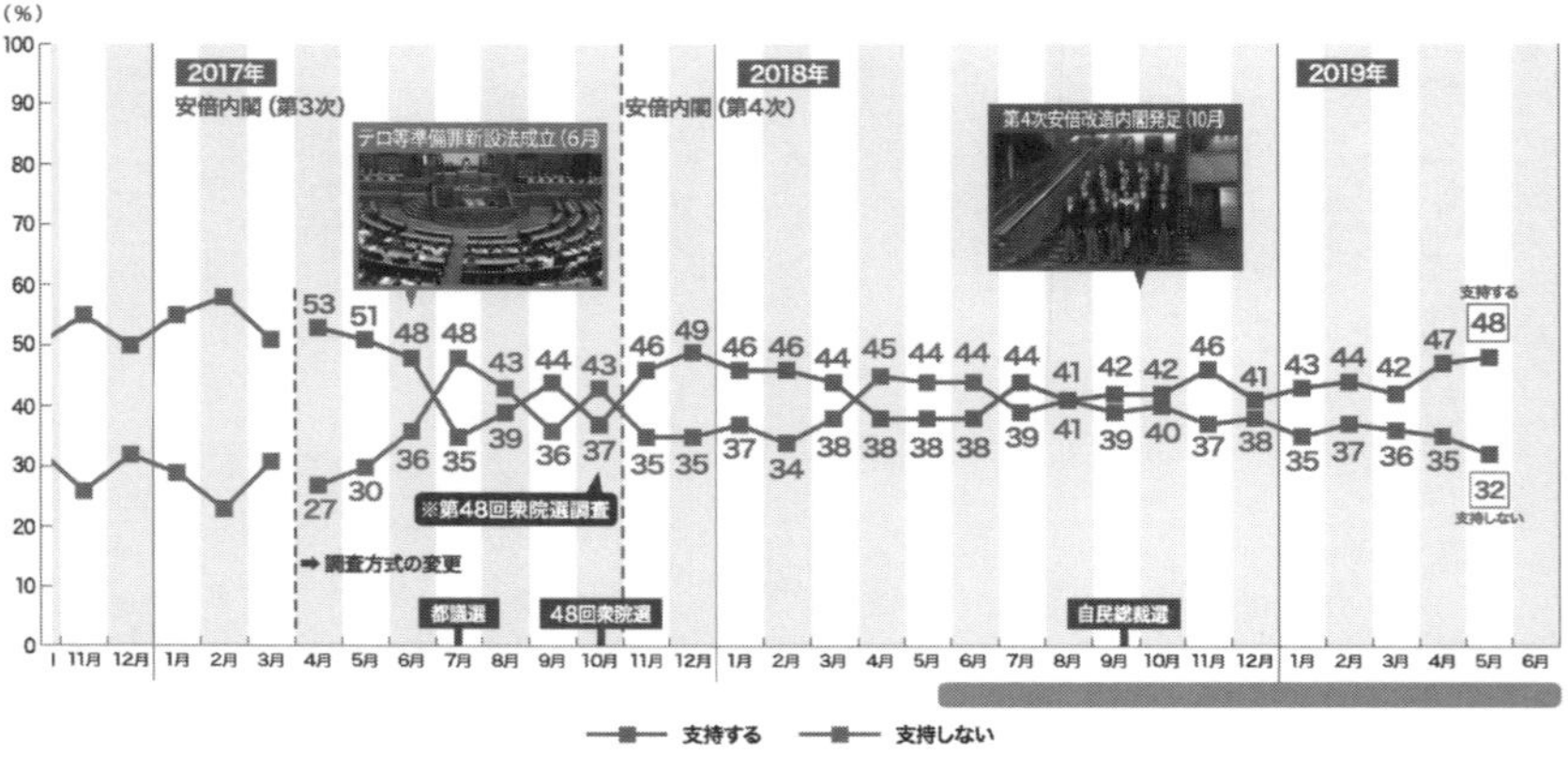

データ・画像：NHK 選挙 WEB https://www.nhk.or.jp/senkyo/shijiritsu/

米朝関係ニュースは防衛産業と紐付けて見ろ

地政学的なリスクと株価との関係で言うならば、一番微妙なのは、米朝関係である。北朝鮮が自暴自棄になって妙な動きをすると、株価どころか、我が国の存続や生命財産にも、多大な影響がある。なので、安直な言及はここでは避けておこう。

最近の米朝関係と日経225との関係を見ると、交渉がうまくいっている時は、相場には大した影響はない。

しかし、総じてうまくいかない。

ただ、緊張が高まれば、株価は動く。

何が動くかといえば、**防衛関連の銘柄**だ。

これも、思惑の動きであって、米朝関係の悪化・北朝鮮の脅威で、果たして実際これらの銘柄に恩恵があるのかどうかは疑問だが、**市場では単純にそのような動きになっている**

と覚えておけば良い。

一番先に動くのが、石川製作所（６２０８）、豊和工業（６２０３）、細谷火工（４２７４）などというところで、主に個人投資家からの買いが入る。

もちろん、もっと大手の三菱重工業や川崎重工業、日本製鋼所という大本命も動くが、本当の戦争ではなく、アメリカと北朝鮮の駆け引き程度の段階で大きな会社の株が動くことはない。

大手やファンドはこのような銘柄には手を出さないので、米朝の関係で一喜一憂して株価が動く仕手系の動きである。

目先が好きな人はやっても良いだろうが、基本的に投資の王道ではないことを断っておく。

石川製作所（６２０８）

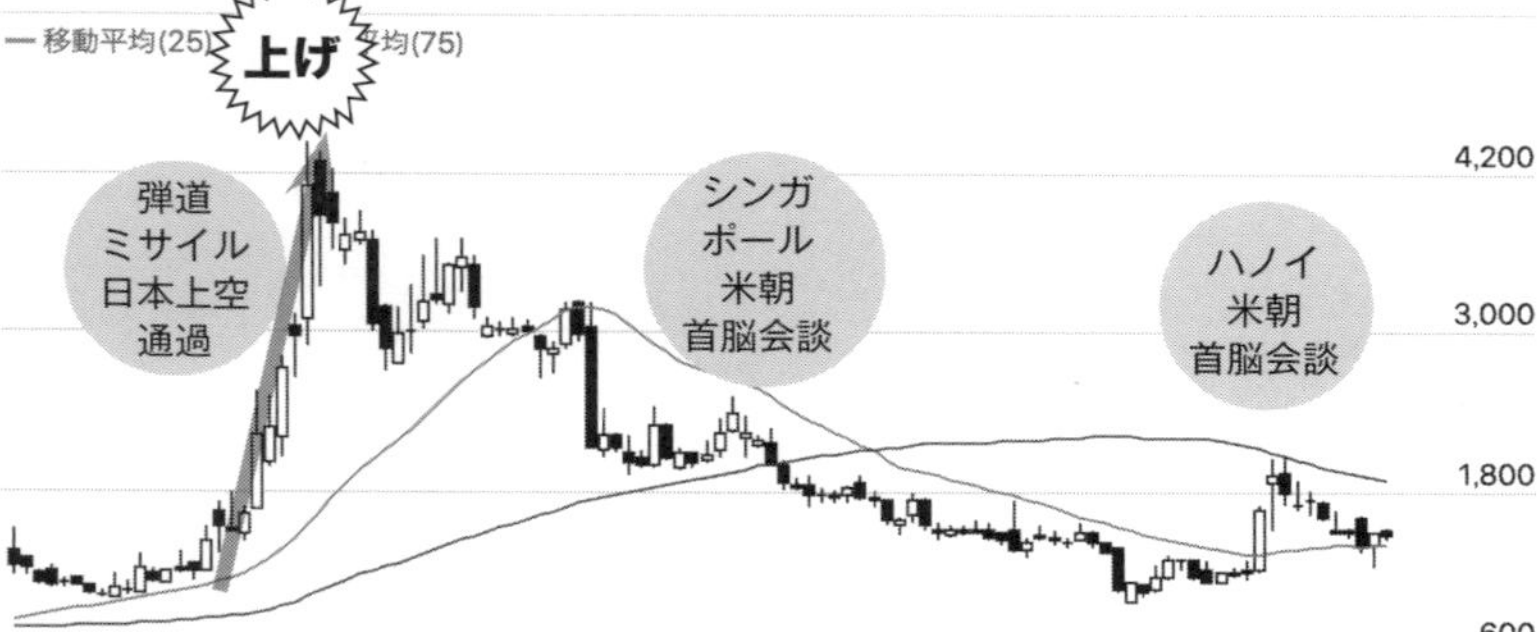

「みんなの株式」https://minkabu.jp

第 9 章

株で負ける鬼八則

株投機は世界で最も魅力的なゲームだ。しかし怠惰な人、感情をコントロールできない人、それに手っ取り早く儲けようなどと思っている人は、絶対に利益を上げることはできない。

ジェシー・リバモア

あれこれの株に手を出したくなるものだが、そうした誘惑を抑えられるように修練を積むべきだ。それができるようになって、1種類か2種類、せいぜい3種類までの銘柄に絞れるようになったとすれば、富をなすチャンスが大きく広がる。

リチャード・ワイコフ

鬼100則 92

寄り天で慌て買いは愚の骨頂

東京市場の株価は、NY市場の株価に比べて、動きに冴えがない。

ダウ平均株価が上げているのに、東京が売られるというのは、いくらでもある。

それだけではない。

NY市場の好調ニュースに乗じた売買にも、危険は潜んでいる。

NY相場が上げた後は、東京の朝の寄り付きは大体高い。

そのタイミングで、外資のファンドは手持ちの株を売って利益確定する。

ところが、個人投資家は、外資が利益を出すタイミングで株を仕込む。

しかし、その後を誰も買わない。

そのために、朝一番に、好材料に反応した株価は、さらに上値を追うことはなく、だらだらの下げになる。

「寄り天」の典型的な相場の実態である。

アップルの株価がＮＹで上げれば、東京のアップル関連の銘柄、例えば、東京エレクトロン、アドバンテスト、ニコンなどは東京ではよく、朝一番で高値を付ける。

しかし、じり高にならないで、すでに述べたように、下がった時に仕込んだ筋の「利益確定の場」になってしまう。

ＮＹの動きで慌てて買う個人投資家は、いつも高値つかみになるわけである。

陰の寄付坊主が出る銘柄には癖がある。心しなければならない。

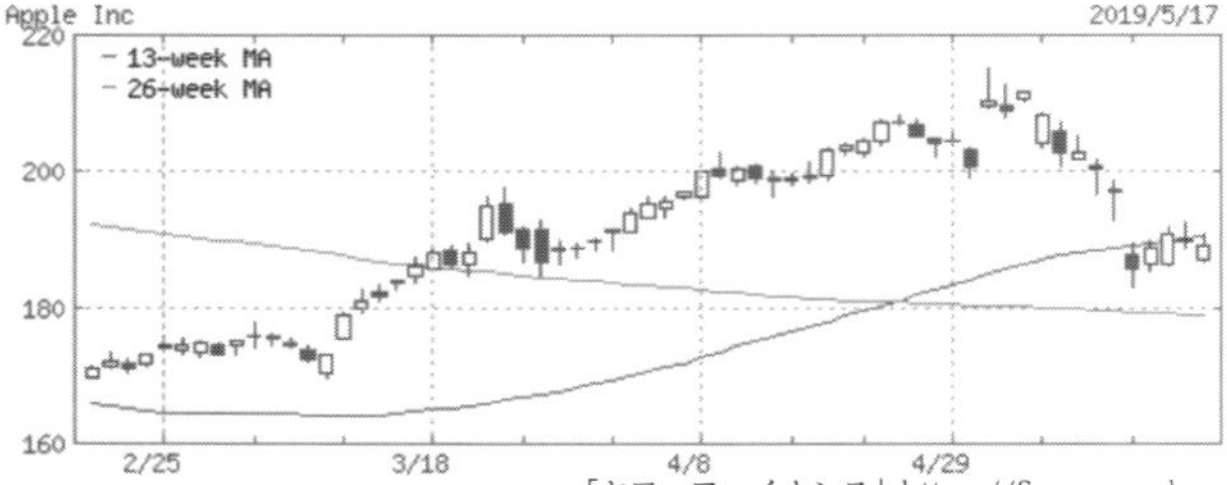

「ヤフーファイナンス」https://finance.yahoo.co.jp

１月に底値を付けたアップル↑は４月末上昇基調で
関連する東京エレクトロン↓も同様に見えるが陰の寄付坊主が多かった

「みんなの株式」https://minkabu.jp

鬼100則 93

慌てる損切りで10バーガーを手放す

どのような銘柄でも、株価には必ず、ほぼ100%の確率で、上げと下げがある。

儲ける人は、上げトレンドの調整場面、すなわち、下げで買う。

しかし、さしたる考え方も持たないで仕込む人は、株価に勢いのある上げ局面で買う。

上げの勢いに乗って株を買えば、**買った途端に調整がやってくる。**

下げの勢いのすさまじさに震え上がり、見立てが違ったかと損切りをする。

私も初心者の頃に、それを何度となくやらかした。怖くなり「買っては売り」の繰り返しで、資産を減らした記憶がある。

なぜこうなったかと言えば、株価のトレンドの勉強がおろそかだったからだ。

実を言うと、10年ほど前も忌々しい思いをした。

転職や求人サイトのディップ(2379)への投資だ。

私が購入した時は、まだ１０００円台の株価だったが、仕掛けている筋の「振り落とし」が激しく、有望な株だとわかっていても、売却してしまった。

その後は、チェックすることもなく、他銘柄でのトレードに専念した。ところが、ある時ふとディップの株価を見ると、分割前だが、なんと１０、０００円を超えていた。

完全な10バーガー銘柄に目を付けて、保有したにもかかわらず、株価の揺さぶりに耐えられず、手放したのである。

誰でも、億のお金を手にするチャンスはつかんでいるのだ。

にもかかわらず、買えば下がるのトレードを繰り返すのは、勉強が足りないのと、テクニカルの分析が悪いからだ。

その銘柄の市場価値と、経済環境の中でどれだけの収益力があるかをきちんと調べて、確信を持って投資していれば、調整や「振り落とし」の揺さぶりに耐えたかもしれない。

株で所定の利益を得るには、「我慢」と、長期の展望をしっかり持つことだ。

それをやらなければ、いくらお金をつぎ込んでも、損の山が増えるばかり。

株で勝つか負けるかは実に紙一重である。

株を持って午前0時をまたげない

株式投資の成否は、技術面もあるが、大きな要素を占めるのは、「気持ち」である。

株を持つようになると、

「NYが下げたらどうしよう」

「休場時間中に事件が起こったらどうしよう」

こうした不安が頭をもたげてしまう。

買ったその日に決着をつける。

そう決めて取り組むデイトレであれば不安はない。

しかし、「日をまたぐ」、すなわち、スイングトレードをやりたいが、夜中にも取引が気になって気が気でないという人がいるとすれば、それは精神的な訓練不足だ。

有望な銘柄は、外部環境に影響はされても、そこは良い調整になる。

このくらいの余裕がないと、株の世界では勝てない。

長い目で見て、その銘柄に長期の展望があれば、目先の小動きには、動揺する必要がない。

おそらく、デイトレーダーの大半は、オーバーナイトの投資が苦手な人が多い。

ファンドは、超短期のコンピュータ売買もするが、綿密な調査に基づいた長期の投資で、成果も得ている。

もちろん、投資に絶対はないが、中期のトレンドや出来高の推移、信用取り組みなど必要な情報を自分のものにして、銘柄選びと投資戦略をとるならば、**１日や１週間の株価変動にはびくともしないくらいの神経が必要**だ。


株の利益は、目先の変動への対応いかんで勝敗が決まるが、時間をかけていくことで、株価を大きく育てる要素もある。

これまで、大きく育ったトレンディな銘柄は、ほとんど、上げ下げを繰り返して、右肩上がりの推移を維持して10倍、20倍へと、大きく育っている。

この視点をしっかり持つことが大切である。

鬼100則 95

投資スタンスを値動きで変更する

投資で確実に利益を積み上げるためには、対象となる企業の価値や事業環境の可能性について、しっかりとした「投資スタイル」を持つことが大切だ。

いまは、物とネットのつながりである「IoT」、5G通信、生活支援ロボット、自動運転、ゲノム解析、遺伝子治療、ガン新薬、免疫療法など、将来につながるテーマが数多くある。

この分野で目覚ましい事業展開を行う企業も極めて多い。

その中で、抜きんでている会社の投資価値は極めて大きいわけで、この銘柄に投資すれば、それなりのリターンを得られることはたやすくわかる。

ただ、この手の銘柄は、途中で様々な困難を経て明るい未来に到達するので、ある程度のリスクと時間をかけて挑まないとならない。

じっくり狙うからには、その会社のポリシー、社長の経営姿勢をしっかりと把握することが大切である。

中長期で株に投資するのは、その会社の成長性、企業価値に賭けるわけなので、安易に挑んでもうまくいかない。

一度、投資の方針を決めたからには、とことん付き合う覚悟を決めることだ。

ソフトバンク、ユニクロのファーストリテイリング、ニトリ、良品計画。これらの株価は長期に右肩上がりであり、押し目で買えば、大きな資産を手にできたはずである。

しかし、この大化けの株価を手にするのは、たやすくはない。チャートでもわかるが、大きく乱高下しているからだ。

山あり、谷ありの長期のトレンドの中で、逃げてしまわないで持ち続けることで、大きく報われる。

目先の上げ下げで一喜一憂しているようでは、大きく稼げない。下げたら、「買い場」とばかりに、喜ぶくらいの余裕を持ちたい。

株で大きく資産を増やしたいとなれば、その「会社」に賭けなければならない。

好材料で手を出し、怖くなって逃げるような投資の仕方は、器用貧乏になるだけである。

鬼100則 96

利息の付く金で株を買う

リスクの多い株で資産を増やすのは、そんなにたやすくはない。

勝ち切るためには、**「腰の据わった資金」を使う**ことが大切だ。

よく言う「使う予定のある資金」「利息が付いていて忙しいお金」での運用は、良い成果はもたらさない。

できれば、「なくなっても困らない」お金での投資が理想である。

株価の乱高下、投資環境の激変に対しても、微動だにしない心の持ち方ができるからだ。

ほとんどの人が、「忙しいお金」「利息付きのお金」で運用している。

初めから、負け組と決まった人が、運用でうまくいくはずがないのだ。

利息の付くお金、信用での期限付きのお金は、「10バーガー」の銘柄を最後まで追い続けるのには、まず向かない。

信用で買うと3倍で運用できるが、損も3倍だ。

身の丈を超えるお金での運用は、うまくいけば大きいが、下手をすれば、家屋敷はもちろん、破産者への道を歩む。

私は、あの忌まわしい「バブル経済」の真っ最中で投資を行い、アドバイスを数多くしてきたので、よく知っている。

全国の投資家が私の事務所に電話をしてきた。

それも、失敗してから「どうしたら良いか」という後始末の話。

そんなのはもう、聞きたくない。

だから、２０００円以下で済むこの本を読んで、何十万、何百万の損を回避していただきたい。

成功する人は、欲深ではない。感謝の気持ちがある。

人生観が株にも投影するのだ。

人のお金を借りて、一山当てる。このようなことはしてはならないと、遺言の材料にはなるが、株には向かない。

鬼100則 97

毎日、株売買しないと済まない相場依存症

株式投資をしている人の大半は、相場がある時は、もちろん、株価を見る。見れば、買いたくなる。売りたくなる。

ということで、相場依存症になる。

証券会社とすれば、手数料収入が入るので大賛成だろうが、そう簡単に利益が積み重なるわけではない。

株価には上げトレンドと下げトレンドの銘柄がある。

イーブンに考えれば、横ばい。

勝ったり負けたりで、残るのは手数料負担だけである。好ましいことではない。

できれば、「下げたら買い、上げたら売り」だけに徹したい。

もちろん、強烈な上げトレンドとなれば、多くの人が利益を出せる。

アベノミクスの始まった時に、10銘柄買っておけば、相当、資金は増えたはずだ。

要するに、うまくトレンドに乗れば、儲かる確率が高くなる。

しかし、最近のトレンドは上げたり下げたりの、不安定な動きだ。

ここで勝つには、**株を買う、売る。休む。**

休みをうまく挟んだリズムをものにしないと、良い成果は得られない。

「私がやる銘柄だけはうまくいく」という自信家の人もいるだろうが、個別銘柄の動きは、「全体相場の動き」に大きく影響される。

下げトレンドの時に、仕込み時をじっと狙って買い、上げトレンドで賢く利益確定する。

このリズムは持たなければならない。


最近は損が多い。うまくいかない。

そうなった時は、一休みして、冷静に相場が見られるようにしたほうが良い。

相場依存症に勝ち目はないのだ。

何事にも「オン、オフ」は、必要である。

自分の制御ができる人に、勝利の女神は微笑むのである。

10銘柄以上を食い散らかす注意散漫

好材料のニュースに乗って、買えばマイナス。

仕方ないから、買った銘柄は放置して、新しく良さそうな銘柄を買う。

「隣の芝生は青い」と買いまくるが、買った時はやはり天井近く。

どれを買ってもうまくいかない。

挽回したい思いが先走って、より変化の大きい銘柄を買うので、下手をすれば、マイナスになると、含み損が半端でなくなる。

「さあ、どうしよう」

情けない個人投資家の偽らざる投資スタイルである。

私も昔はこういう取引をしていたので、リアルに書ける。


いまなら、問題がどこにあるのかわかる。

買う銘柄の選択にシビアにならなければならない。

決まったら、**押し目を待ち、買い増す態勢**を作る。

安く買うべく、**下値に指値で買い**を入れる。平均単価をできるだけ下げる。

そのためには、**10枚、20枚、30枚と買える余裕のある株価の銘柄**を買う。

そうしているうちに、株価が急上昇する。

その時は一気に売らず、**徐々に利益確定**していく。

好循環の儲かる買い方、売り方になり、楽しくなる。


この戦法をとるには、投資対象の銘柄は一度に3銘柄くらいに絞ると確率が上がる。

割安に、有利に仕込めば、勝ち目もある。

そのために、食い散らかしで資金は使わず、安値買いのために用意したほうが良いのだ。

勝負銘柄は、自らの資金の金額で決めるのが好ましい。

例えば１０００円の銘柄ならば、１００株10万円が1単位。１００万円の資金で10単位買える。これを2単位ずつ、できるだけ安く買う。

この方法で、株価の上げを待つのである。

鬼100則 99

損切ラインの展望を持たない

株が常に上がり続けることはあり得ない。

事業内容がいかに素晴らしく、良い条件があっても、世界情勢や地政学上のリスクなどで、株価が暴落することはある。

また、個別の銘柄では、良い情報で上がっていたはずなのに、「寝耳に水」まがいの悪材料がある時も、暴落の可能性がないわけではない。

企業活動は生き物だし、表には出ていないリスクもないわけではないのだ。


さて、それで株価が急落したらどうするか。

「損切り」は株式投資で損を最小限に抑える大切な技術である。

手仕舞いの仕方に、哲学が出る。

損切りなしのルールはあり得ないのだ。

私は状況によるが、最悪で10％、時には５％の急落で手仕舞うことにしている。

私の損切りは、金額ではない。

トレンドラインによる。

明らかに**大陰線が出たり、長ーい上ヒゲが出れば**、それほどマイナスでなくても、切り捨てる。

株価天井（当面の）のシグナルが出た時は、**自動的に売却する**のである。


株式投資は確率だ。

明らかに確率が悪いのに、そこに充てて資金を寝かせるすべはない。

それならば、もっと楽しく有望な銘柄を抱くほうが投資が楽しい。

株式投資は勝つか負けるかだが、実は「楽しい」ということも、大切な要素である。

往々にして楽しければ、成果も良い。

楽しくお金を運用しデータや相場を読んで、「知性的な投資をする」。

これが45年市場と対峙して至った境地である。

銘柄選びを他人に頼る他力本願

株式セミナーなどでの個人投資家からの質問で多いのが、「どの銘柄を買えば良いか」という言葉だ。

昔は講師が銘柄を言うのを待っていて、銘柄名が出た途端に我先に電話をしていた（いまなら、スマホで注文する）。

私が読者に遭遇しても、１００％聞かれるのはやはり「上がる銘柄は？」。

実にばかげた光景だ。

確かに、その時々の有望な銘柄はある。

でも、それを聞いて買っても、株の将来性や売り時がわからなければ、利益はつかめない。

所詮、他人から聞いた「安易な銘柄」だ。

失敗しても、反省どころか、「あいつの言う銘柄は当たらない」と他人のせいにするのが、関の山だろう。

ただ、このような投資家が多いから、株式評論家が語る情報も、旬なテーマと銘柄がメインとなる。

それを言わないと、媒体も載せないし、人気が出ない。

私も昔、ラジオ短波（投資家が朝から聞いていた重要な情報番組、現ラジオＮＩＫＫＥＩ）の早朝番組に出演していた時に、必ずアナウンサーから聞かれることになっていて答えていたから内情はわかるし、批判もできないが。

株で儲けるのは、もちろん、銘柄であり、対象の企業を買うことだが、チャートでタイミングを見れば、正直どの銘柄でも良い時がある。

いや、ほぼどんな時も、右肩上がりで、押し目の銘柄はある。

タイミング良く、押し目を買えば、大体は上がる。買値を上回る。

それだけの話である。

「何を買えば良いか」と聞く人は、タイミングの勉強を怠っている。

（私はしていないが）「これが上がる」と教える側の策にはまって損をさせられる可能性だってある。

株にお金を投じる時は、汗を流して欲しい。

■著者略歴
石井　勝利（いしい　かつとし）
早稲田大学政治経済学部卒。1939 生まれ。
宇都宮工業高校から、高卒で文化放送に就職。働きながら夜学独力で大学を出た苦労人。政党機関紙の記者を 23 年勤めた後、住宅、金融等の著作、評論活動で独立。
明日香出版社では、『日本経済新聞を120%読みこなす法』『マンガ版　生まれてはじめて株をやる人の本』等で、10 万部超のベストセラーを連発。最近は複数のペンネームで、デイトレ対応、チャートの読み方、5 分足チャート、仕手株本などを手がけ、ヒットを飛ばす。投資生活 45 年超、著作は 300 を超え、安定したファンがある。

Twitter @kabu100rule

本書の内容に関するお問い合わせは弊社HPからお願いいたします。

株《かぶ》の鬼《おに》 100 則《そく》

2019 年　6 月　27 日　初 版 発 行
2021 年　1 月　18 日　第 39 刷発行

著　者　石《いし》井《い》勝《かつ》利《とし》
発行者　石野栄一

〒112-0005 東京都文京区水道 2-11-5
電話 (03) 5395-7650（代 表）
(03) 5395-7654（FAX）
郵便振替 00150-6-183481
https://www.asuka-g.co.jp

明日香出版社

■スタッフ■　BP 事業部　久松圭祐／藤田知子／藤本さやか／田中裕也／朝倉優梨奈／竹中初音
BS 事業部　渡辺久夫／奥本達哉／横尾一樹／関山美保子

印刷　株式会社文昇堂
製本　根本製本株式会社
ISBN 978-4-7569-2035-5 C0033

編集担当　藤田知子

忙しいビジネスマンでも続けられる

毎月 5 万円で 7000 万円つくる 積立て投資術

カン・チュンド

水色

安定した利益を上げ続けるには、
世界中の富にインデックス積立投資を行うのが最適です。
1 年にたった 2 時間かけるだけ、
天引き感覚で毎月 5 万円を積み立てて、
30 年後の安定資産をつくります！

本体価格 1500 円＋税
B 6 並製　224 ページ
ISBN978-4-7569-1301-2　2009/06 発行

60代から楽しくはじめる
「株」1年生

櫻井　英明

はじめて株をやるが、いろいろ覚えるのはもう面倒。
パソコンやスマホは使いこなすレベルにない。
そんな60代に向けて必要な情報に絞りつつ、ライフスタイルに合わせた株のはじめ方、儲け方を伝授します。

本体価格 1500円＋税
A5並製　176ページ
ISBN978-4-7569-2006-5　2018/12発行

好評！併読オススメ投資の本！！

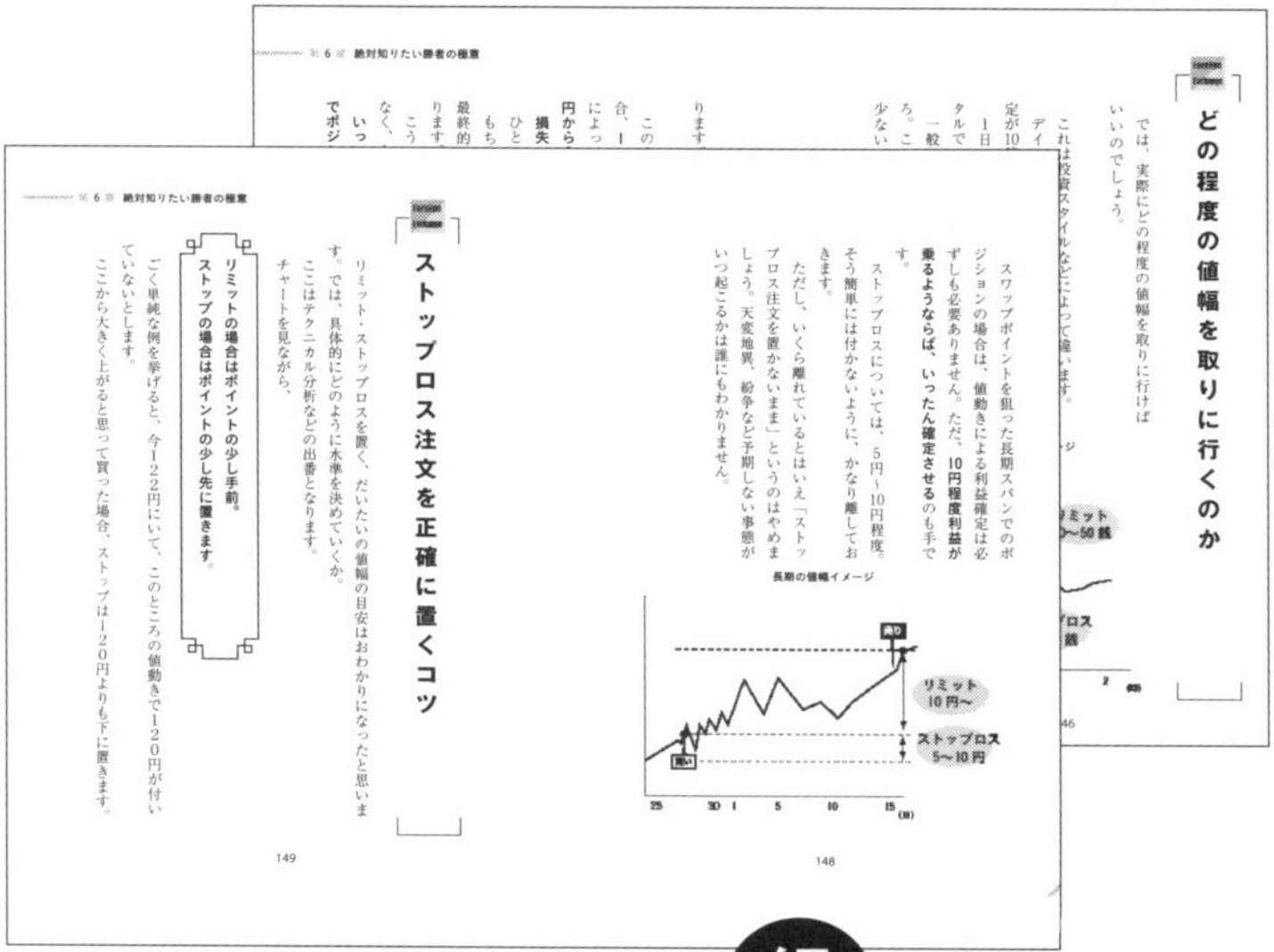
第6章 絶対知りたい勝者の極意

どの程度の値幅を取りに行くのか

では、実際にどの程度の値幅を取りに行けばいいのでしょう。

スワップポイントを狙った長期スパンでのポジションの場合は、値動きによる利益確定は必ずしも必要ありません。ただ、**10円程度利益が乗るようならば、いったん確定させるのも手です。**

ストップロスについては、5円〜10円程度。そう簡単には付かないように、かなり離しておきます。

ただし、いくら離れているとはいえ「ストップロス注文を置かないまま」というのはやめましょう。天変地異、紛争など予期しない事態がいつ起こるかは誰にもわかりません。

ストップロス注文を正確に置くコツ

リミット・ストップロスを置く、だいたいの値幅の目安はおわかりになったと思います。では、具体的にどのように水準を決めていくか。

ここはテクニカル分析などの出番となります。チャートを見ながら、

リミットの場合はポイントの少し手前。ストップの場合はポイントの少し先に置きます。

ごく単純な例を挙げると、今122円にいて、このところの値動きで120円が付いていないとします。

ここから大きく上がると思って買った場合、ストップは120円よりも下に置きます。

緑

夜17分で、毎日1万円儲けるFX

山岡　和雅：著/
本体価格1600円+税
ISBN978-4-7569-1791-1

FXは世界中の市場が一日中開いている分、デイトレ専業トレーダーは、ほぼ一日中PCに張り付いています。そうしなくても、たった夜17分（-+朝+α）の作業で1日1万円ずつ稼ぐ方法を解説します。
50万円あれば、誰でも毎日が給料日に！！
サラリーマンも、忙しい主婦にもラクして儲けるチャンス到来！！

好評！併読オススメ株の本！！

青

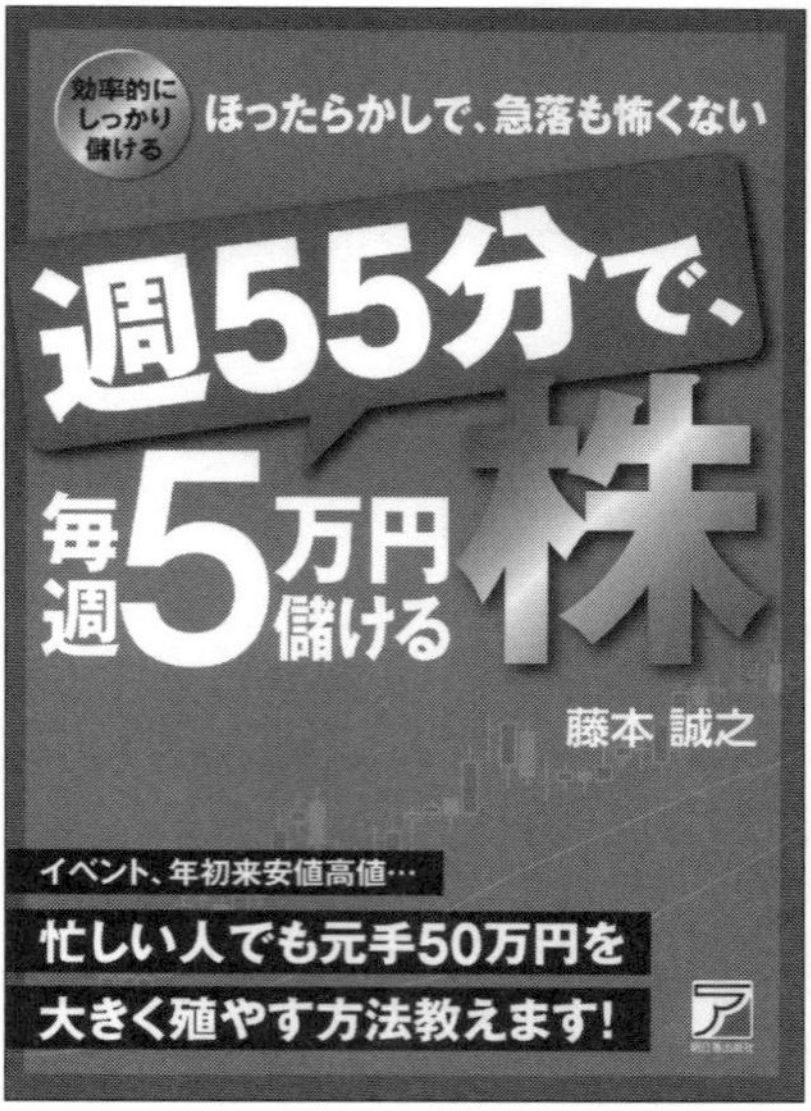

週55分で、毎週5万円儲ける株

藤本 誠之：著/
本体価格1600円+税
ISBN978-4-7569-1974-8

日中忙しいビジネスマンや主婦の皆さんに向けた、「ほったらかしでスイングトレードできる」本です。

イベント投資、年初来安値/高値狙い、IPO銘柄のその後を追うなど、週単位で着実に利益を上げられる着目ポイントを紹介し、読者が利益を上げられるように導きます。

実例豊富で、わかりやすい！！

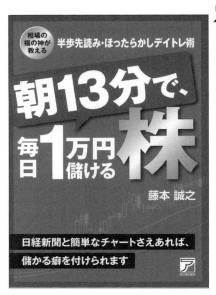

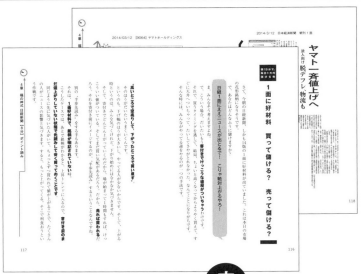